PRÉPARATION AU CERTIFICAT D'ÉTUDES

COURS MOYEN ET SUPÉRIEUR

LA MORALE PAR L'EXEMPLE

MAXIMES ET RÉCITS

RECUEILLIS ET PUBLIÉS CONFORMÉMENT AUX DERNIERS PROGRAMMES OFFICIELS D'ENSEIGNEMENT PRIMAIRE

PAR

G. BOUHÉLIER
DIRECTEUR D'ÉCOLE COMMUNALE
Auteur de plusieurs ouvrages classiques

L. LAMOURÈRE
INSTITUTEUR PUBLIC A TOULOUSE
Président de la « Société contre les Accidents »

MORALE - LECTURE COURANTE - RÉCITATION

BESANÇON
LIBRAIRIE RAMBAUD
3, rue Moncey, 3

TOULOUSE
AU BUREAU DU JOURNAL « L'ÉCOLE LAÏQUE »
6, rue des Chalets, 6

BESANÇON
IMPRIMERIE MILLOT FRÈRES ET Cie
20, RUE GAMBETTA, 20

1896

LA MORALE PAR L'EXEMPLE

MAXIMES ET RÉCITS

PRÉPARATION AU CERTIFICAT D'ÉTUDES

COURS MOYEN ET SUPÉRIEUR

LA MORALE PAR L'EXEMPLE

MAXIMES ET RÉCITS

RECUEILLIS ET PUBLIÉS CONFORMÉMENT AUX DERNIERS PROGRAMMES OFFICIELS D'ENSEIGNEMENT PRIMAIRE

PAR

G. BOUHÉLIER
DIRECTEUR D'ÉCOLE COMMUNALE
Auteur de plusieurs ouvrages classiques

L. LAMOURÈRE
INSTITUTEUR PUBLIC A TOULOUSE
Président de la « Société contre les Accidents »

MORALE - LECTURE COURANTE - RÉCITATION

BESANÇON
LIBRAIRIE RAMBAUD
3, rue Moncey, 3

TOULOUSE
AU BUREAU DU JOURNAL « L'ÉCOLE LAÏQUE »
6, rue des Chalets, 6

BESANÇON
IMPRIMERIE MILLOT FRÈRES ET Cie
20, RUE GAMBETTA, 20

1896

AVANT-PROPOS

Le livre que nous publions sous le titre : « La morale par l'exemple » n'est point un traité de morale proprement dit : c'est un choix judicieux de récits extraits des œuvres de nos meilleurs écrivains ou moralistes (1) et répondant, de point en point, aux programmes officiels de l'enseignement moral à l'école primaire. Ceux-ci prescrivent, en effet, des « Lectures avec explications et exercices pratiques » aux élèves du cours moyen et du cours supérieur.

(1) Lamartine, Lamennais, Pascal, Pestalozzi, Victor Hugo, Silvio Pellico, Diderot, Alphonse Daudet. Ratisbonne, Mme A. Tastu, Mme de Maintenon, Voltaire, Compayré, Viennet, Gambetta, Cormenin, G. Bernard, V. de Laprade, Thiers, Jules Grévy, colonel Corbin, Paul Déroulède, Ernest Legouvé, Perrens, Devoille, P. Foncin, Ch. Bigot, Jules Michelet, Lacordaire, Dionys Ordinaire, F. Bastiat, Barrau, Jules Simon, La Harpe, Florian, Bernardin de Saint-Pierre, Georges Duruy, de Ramsay, Massillon, Flanklin, Frédéric Bataille, Ch. Beauquier, Pailleron, E. Bersot, L. de Jussieu, Jouffroy, Vessiot, Ch. Levêque, Marmontel, Arnauld, Senèque, P.-L. Courier, Rendu, Samuel Smiles, Pérennès, René Le Sage, Buffon, Erckmann-Chatrian, Panard, Mme Leprince de Beaumont, Krummacher, Charton, Mme Necker de Saussure, Racine, Mgr de Ségur, Stop.

Ces lectures, dont la valeur littéraire ne le cède en rien à la valeur morale, permettent aux maîtres, non seulement de donner à l'élève « *des notions correctes, de le munir de sages* » *maximes,* » mais encore de « *faire éclore en* » *lui des sentiments assez vrais et assez forts* » *pour l'aider un jour, dans la lutte de la vie,* » *à triompher des passions et des vices.* »

Dans ce recueil, nous avons voulu donner à l'enfant « assez de beaux exemples, assez de » bonnes impressions, assez de saines idées, » d'habitudes salutaires et de nobles aspirations » pour qu'il emporte de l'école, avec son petit » patrimoine de connaissances élémentaires, un » trésor plus précieux encore : UNE CONSCIENCE » DROITE. »

L'expérience a prouvé que nous avons atteint ce but.

G. B. L. L.

DIRECTIONS

Nous avons coordonné nos récits de manière à n'omettre aucune des quarante leçons du programme, que nous avons divisées en quatre chapitres :

1° Devoirs envers la famille ;

2° Devoirs envers la patrie ;

3° Devoirs envers la société ;

4° Devoirs envers la divinité.

I. — Chaque récit sera lu d'abord avec expression par le maître, qui fera trouver les idées principales et donnera toutes les explications nécessaires en s'aidant du *lexique*.

II. — Plusieurs enfants, pris au hasard afin de les tenir sans cesse en éveil, continueront la lecture ; à leur tour, ils reproduiront les idées principales et apprendront par cœur les plus beaux passages comme exercice de récitation.

III. — Les maximes seront apprises par cœur à raison d'une par jour, de même que les réflexions qui résument chaque récit.

IV. — Bon nombre de ces lectures peuvent être données comme sujet de composition française sur la morale (voir l'arrêté ministériel du 29 décembre 1891).

V. — Les exercices oraux ou écrits qui sont proposés après chaque leçon permettent aux maîtres de constater que leur enseignement a été compris.

LA

MORALE PAR L'EXEMPLE

MAXIMES ET RÉCITS

CHAPITRE PREMIER

LA FAMILLE

PROGRAMME : *La famille, le père, la mère. — Obéissance, respect, amour, reconnaissance*

OBÉISSANCE DUE A NOS PARENTS : LA BONNE GENEVIÈVE

Notre père était trop pauvre pour donner une servante à ma mère, et j'étais trop petite pour faire toute seule le ménage. Les voisins venaient bien de bon cœur, quand je les priais, tirer pour nous le seau du puits, mettre la grosse bûche au feu et pendre la marmite à la crémaillère*; mais, ma mère et moi, nous faisions tout le reste. Aussitôt que j'avais pu marcher seule dans la chambre, j'avais été la servante née de la maison, les pieds de ma mère qui n'en avait plus d'autres que les miens. Ayant sans cesse besoin de quelque chose qu'elle ne pouvait aller chercher au jardin, dans la cour, dans la chambre, au feu, sur l'évier*, sur la table, sur un meuble, elle s'était accoutumée de se servir de moi avant l'âge, comme elle se serait servie d'une troisième main; et moi, j'étais fière, toute petite que j'étais, de me sentir nécessaire, utile, serviable, comme une grande personne, à la maison.

Cela m'avait rendue attentive, sérieuse, raisonnable avant l'âge de huit ans. Elle me disait : « Geneviève, il me faut cela, il me faut ceci ; apporte-moi ta petite sœur Josette sur mon lit ; remporte-la dans son berceau et berce-la du bout de ton pied jusqu'à ce qu'elle dorme ; va me chercher mon bas ; ramasse mon peloton ; va couper une salade au jardin ; va au poulailler* tâter s'il y a des œufs chauds dans le nid des poules ; hache des choux pour faire la soupe à ton père ; bats le beurre ; mets du bois au feu ; écume la marmite qui bout ; jettes-y le sel ; étends la nappe ; rince les verres ; descends à la cave, ouvre le robinet, remplis au tonneau la bouteille de vin... »

Et puis, quand j'avais fini, qu'on avait dîné, et que tout allait bien, elle me disait : « Apporte-moi ta robe que je te pare et tes beaux cheveux que je te peigne. » Elle m'habillait, elle me parait, elle me peignait, elle m'embrassait, elle me disait : « Va t'amuser maintenant sur la porte avec les enfants des voisines, qu'ils voient que tu es aussi propre, aussi bien mise, aussi bien peignée qu'eux. »

LAMARTINE.

Réflexions. — Un enfant obéissant fait sur le champ, et de bonne grâce, tout ce que lui commandent ses parents ; il ne montre jamais de mauvaise humeur. Quand sa tâche est faite, et bien faite, il demande à ses parents la permission d'aller jouer et se divertir avec d'autres enfants aussi sages que lui.

Maxime. — Celui qui honore sa mère est comme un homme qui amasse un trésor.

LEXIQUE

Crémaillère. . Instrument en fer et à crans, où l'on suspend divers ustensiles de cuisine. Pendre la crémaillère, c'est donner un repas, à l'occasion d'un déménagement.

Evier . . . . . Table de pierre sur laquelle on lave la vaisselle. Ne pas dire *un levier*.

Poulailler. . . Lieu où juchent les poules.

DÉVOUEMENT FILIAL : VOLNEY-BECKNER

Le père de Volney-Beckner était marin. De bonne heure, il avait accoutumé son fils aux travaux de cette profession, et l'on voyait le jeune enfant, à peine âgé de cinq ans, s'élancer à la nage dans les flots de la mer, s'attacher aux cordages d'un vaisseau, monter au haut des mâts et se mêler aux manœuvres de l'équipage. Au milieu des périls, il atteignit ainsi sa douzième année.

A cette époque, la petite fille d'un riche américain vint à courir imprudemment sur le pont du vaisseau. Là, tandis qu'elle portait ses regards avides sur l'immense étendue des ondes*, un roulis* inattendu donna une secousse au navire, et elle tomba à la mer.

Le père Volney l'aperçut et s'élança après elle. Il parvint bientôt à l'atteindre. Tandis que le matelot nageait d'une main pour regagner le bâtiment et que, de l'autre, il tenait la petite fille serrée contre sa poitrine, il aperçut un requin* qui s'avançait vers lui. « A moi », s'écria-t-il, et aussitôt chacun accourut sur le pont et vit le danger. Mais l'équipage*, pétrifié de terreur, n'osait porter secours.

Dans cette affreuse extrémité, le jeune Volney, faible enfant, entreprit ce que des hommes vigoureux n'osaient tenter, et, saisissant un large sabre, il se précipita à la mer, plongea avec la vélocité* d'un poisson, se glissa par derrière sous le ventre du monstre et lui enfonça le fer dans les flancs.

Le requin, profondément blessé, se retourna en se débattant ; il abandonna la proie qu'il voulait saisir et, dans sa rage, s'acharna contre son agresseur*.

Bientôt les deux nageurs s'empressèrent de gagner le vaisseau. De tous côtés on leur tendait des cordages, et le père et le fils parvinrent enfin à en saisir un, chacun de son côté. On les retira rapidement ; des cris d'allégresse se firent entendre : « Les voici ! les voici ! » Ces mots retentissaient de toutes parts ; mais, dans ce moment, le requin bondit au-dessus des flots, et, de ses dents tranchantes, il sépara en deux le jeune et malheureux Volney suspendu en l'air. On ne ramena à bord du navire qu'une partie de son corps, palpitant et sans vie, avec son père et la petite américaine évanouie.

Réflexions. — Rien n'est plus louable que de se dévouer pour ses parents ; le bon fils n'hésite pas, il donne sa vie pour défendre celle de son père ou de sa mère, et sa mort glorieuse doit être citée souvent en exemple.

Maxime. — Nous devons sacrifier notre vie pour ceux qui nous l'ont donnée.

LEXIQUE

Onde	Flot, soulèvement de l'eau agitée.
Roulis.	Oscillation d'un vaisseau à droite et à gauche.
Requin . . .	Animal aquatique très dangereux pour les marins.
Equipage . . .	Ensemble des marins qui font le service actif d'un vaisseau.
Vélocité. . . .	Vitesse, rapidité.
Agresseur . .	Qui attaque le premier.

RESPECT ET AMOUR DUS AUX PARENTS

Pascal avait vingt-huit ans quand il perdit son père. Voici la lettre qu'il écrivit, à cette occasion, à sa sœur, Mme Périer :

« Ce n'est pas que je souhaite que vous soyez sans douleur. Le coup est trop sensible. Il n'est pas juste que nous soyons sans douleur, comme le seraient des anges qui n'ont aucun sentiment de la nature.

» J'ai appris d'un saint homme qu'une des plus solides et plus utiles charités envers les morts est de faire les choses qu'ils nous ordonneraient, s'ils étaient encore au monde, et de pratiquer les avis qu'ils nous ont donnés. Par cette pratique, nous les faisons revivre en nous, en quelque sorte, puisque ce sont leurs conseils qui sont encore vivants et agissants en nous Faisons donc revivre notre père en nous de tout notre pouvoir et consolons-nous de sa mort en l'union de nos cœurs.

» Je prie Dieu de former et de maintenir en nous ces sentiments et de continuer ceux qu'il me semble qu'il me donne, d'avoir pour vous plus de tendresse que jamais; car il me semble que l'amour que nous avions pour mon père ne doit pas être perdu, que nous devons le reverser sur nous-mêmes et que nous devons principalement hériter de l'affection qu'il nous portait pour nous aimer encore plus cordialement, s'il est possible.»

PASCAL.

Réflexions. — La perte d'un père ou d'une mère est un malheur irréparable. L'enfant qui n'éprouverait pas une vive douleur au moment de cette cruelle séparation serait un mauvais cœur, un ingrat, un monstre. Les *devoirs filiaux* l'obligent à respecter la mémoire de ses parents défunts, à ne prendre aucune détermination qu'ils n'auraient pas approuvée pendant leur vie.

Maxime. — Aimons à rappeler le souvenir de nos parents défunts et à imiter leurs vertus.

TRAIT DE DÉVOUEMENT CONJUGAL *

L'empereur Conrad III assiégeait une petite ville de l'Etat du duc de Wurtemberg *, qui y était enfermé. Le duc soutint le siège longtemps et ne se rendit qu'à la dernière extrémité. Irrité de sa résistance, l'empereur voulut mettre tout à feu et à sang. Cependant il fit grâce aux femmes ; il leur permit de sortir et d'emporter avec elles tout ce qu'elles avaient de plus précieux. La femme du duc profita aussitôt de cette permission pour sauver les jours de son mari : elle le prit sur ses épaules. Toutes les femmes de la ville en firent autant, et l'empereur les vit sortir ainsi chargées, la duchesse à leur tête. Il ne put tenir contre un spectacle * aussi touchant, et, cédant à l'admiration qu'il lui causait, il fit grâce aux hommes en faveur des femmes. La ville fut sauvée.

(L'Ecole des mœurs.) BLANCHARD.

Réflexions. — En se créant une nouvelle famille par le mariage, les époux contractent des obligations d'*amour*, d'*assistance* et de *dévouement* qui doivent durer jusqu'à leur mort. Les conjoints qui les observent sont assurés de vivre heureux ; la charge de leurs maux sera plus légère s'ils la partagent.

Maxime. — L'union des époux est sacrée.

LEXIQUE

Conjugal . . . Qui concerne l'union des époux.
Wurtemberg . Etat d'Allemagne, capitale Stuttgard.
Spectacle . . . Tout ce qui attire le regard, l'attention.

UN PÈRE A SON FILS

Au nom de Dieu, cher Jaqueli, prie et travaille. Sois tranquille, appliqué, réfléchi, propre et obéissant. Apprends à te conduire en toutes choses avec convenance. Tu en as maintenant l'occasion, et si tu n'en profites pas, elle ne se représentera plus. Mais j'espère que Dieu ne voudra pas que tu me fasses ce chagrin d'attrister par ta désobéissance des personnes auxquelles tu dois, comme à moi, tant de reconnaissance.

Mon enfant! tu es mon tout sur la terre; c'est pour toi que j'aime à vivre, c'est pour toi que j'ai souffert, plus pour ainsi dire que je ne pouvais supporter. Il dépend de toi, maintenant, de me récompenser de tout par la plus douce joie, ou de jeter sur ma vie un malheur irrémédiable*. Car c'est ce qui arrivera certainement si tu ne te prépares pas, avec zèle et assiduité, à une carrière convenable, si tu ne montres pas les heureux effets de la bonté et de l'indulgence que j'ai eues pour toi pendant ton jeune âge, si tu n'es pas meilleur que les jeunes gens élevés dans la contrainte et avec sévérité.

PESTALOZZI.

Réflexions. — Les parents n'ont pas de plus grandes consolations que celle de voir leurs enfants suivre leur exemple et marcher sur leurs traces. Le bon fils fait leur joie, le mauvais fils fait leur honte et leur supplice.

Maxime. — Heureux celui qui peut rendre à ses parents tous les soins qu'il en a reçus dans son enfance.

LEXIQUE

Irrémédiable. Qui est sans remède.

EXERCICES ORAUX ET ÉCRITS

1. Que devez-vous à vos parents pour les soins et l'amour qu'ils vous ont donnés?
2. Est-il juste que l'enfant se dévoue pour ses parents, et pour quelles raisons?
3. Citez des exemples de devoirs filiaux et dites ce que vous en pensez.

Programme : *Les grands-parents, les vieillards, les frères et sœurs*

L'UNION DANS LA FAMILLE

Le citoyen romain Tubéron, dont l'admirable courage dans le malheur et la pauvreté a fait la grandeur de son nom, nous offre en même temps un rare exemple de *devoirs familiaux*.

Si ses domaines* étaient petits, son âme était grande et sublime*.

Il réunit autour de lui tous les membres de sa famille.

Dans une seule maison, d'une étendue fort bornée, vivaient ainsi sous son patronage seize citoyens, ses parents, qui avaient eux-mêmes un grand nombre d'enfants. Tous, époux, épouses, pères, mères, enfants, frères, sœurs, cousins et cousines, coulaient ensemble leurs jours* dans une paix profonde. Ils étaient heureux au sein de la médiocrité.

Assises à la même table, ces soixante personnes, liées par la communauté de leurs affections, de leurs intérêts, — et usant d'une remarquable frugalité, — présentaient dans leurs banquets* un spectacle touchant du bonheur que la concorde procure toujours *dans les familles bien unies*.

Réflexions. — Les pauvres, aussi bien que les riches, ont des devoirs familiaux à remplir. En les observant, en partageant avec leurs aïeux le pain quotidien, les petits-enfants se grandissent dans l'estime publique et donnent à leurs enfants un exemple qui sera suivi. De plus, ils seront récompensés par la satisfaction que procure toujours l'accomplissement d'une bonne action.

Maxime. — Le spectacle d'une famille parfaitement unie est admirable.

LEXIQUE

Domaine . . . . Propriété, autrefois le bien du seigneur.
Sublime. . . . . Haut, élevé au point de vue moral.
Coulaient leurs jours . Vivaient tranquillement ensemble.
Banquet . . . . Grand repas de famille.

CAPTIVITÉ DE JEANNE

Jeanne était au pain sec dans le cabinet noir,
Pour un crime quelconque, et, manquant au devoir,
J'allai voir la proscrite en pleine forfaiture,
Et lui glissai dans l'ombre un pot de confiture
Contraire aux lois. Tous ceux sur qui, dans ma cité,
Repose le salut de la société,
S'indignèrent, et Jeanne a dit d'une voix douce :
— Je ne toucherai plus mon nez avec mon pouce,
Je ne me ferai plus griffer par le minet.
Mais on s'est récrié : — Cette enfant vous connaît ;
Elle sait à quel point vous êtes faible et lâche,
Elle vous voit toujours rire quand on se fâche.
Pas de gouvernement possible. A chaque instant
L'ordre est troublé par vous ; le pouvoir se détend ;
Plus de règle. L'enfant n'a plus rien qui l'arrête.
Vous démolissez tout. — Et j'ai baissé la tête,
Et j'ai dit : — Je n'ai rien à répondre à cela,
J'ai tort. Oui, c'est avec ces indulgences-là
Qu'on a toujours conduit les peuples à leur perte.
Qu'on me mette au pain sec. — Vous le méritez, certe,
On vous y mettra. — Jeanne alors, dans son coin noir,
M'a dit tout bas, levant ses yeux si beaux à voir,
Pleins de l'autorité des douces créatures :
— Eh bien ! moi, je t'irai porter des confitures.

(L'Art d'être grand-père.) V. HUGO.

RECONNAISSANCE DE BÉBÉ

Grand-père, qui gâtait son petit Lucien
Et le comblait de sous quand il travaillait bien,
Grand-père, qui menait son gamin à l'école,
    Est mort depuis trois mois ;
    Sa dernière parole
Fut pour son bien-aimé. Lui, depuis cette mort,
S'applique à ses leçons, et, redoublant d'effort,
    Distance ses rivaux.
    Professeurs, père et mère,
Ne reconnaissent plus l'étourdi de naguère,
Et suivent ses progrès, satisfaits et surpris.

L'enfant ne faiblit pas. Quand vint le jour des prix,
Il s'entend décerner, au milieu du silence,
Cette couronne d'or qu'on donne à l'excellence,
Et trois livres par lui vaillamment disputés!
Quel bonheur! Ses parents l'embrassent enchantés,
Et lui, fier à bon droit de son succès, rayonne.
« Petit, vas faire un tour avec ta vieille bonne,
Dit papa; mère et moi rentrons; demain matin
Nous irons tous les trois dans un grand magasin
Choisir deux beaux jouets, ta juste récompense!
Tes prix, tu ne tiens pas à t'en charger, je pense.
— Oh! si, je ne veux pas m'en séparer encore! »
Le soir, l'enfant revint sans sa couronne d'or.
« Maman, je me suis fait conduire au cimetière
Pour porter ma couronne à ce pauvre grand-père,
Je me suis sur sa tombe en fleurs agenouillé,
Et j'ai dit : « C'est pour toi que j'ai bien travaillé! »
Ça lui fera plaisir, vois-tu, je me figure! »
La mère, sur son cœur prend sa chère figure,
La caresse et répond, frissonnante d'émoi :
« Mon fils, je te bénis pour grand-père et pour moi!... »

SÉGARD.

Réflexions. — La vieillesse doit être traitée avec des égards particuliers, surtout s'il s'agit des grands-parents, dont rien ne saurait égaler l'affection pour l'enfance. Écoutons toujours leurs avis, dictés par une longue expérience.

Maxime. — Nous devons à nos grands-parents d'autant plus de bonheur qu'ils sont plus près de nous quitter.

LEXIQUE

Proscrite . . . Frappée de condamnation sans forme judiciaire, exilée.
Forfaiture. . . Fait contre le devoir, l'honneur.

RESPECTEZ LA VIEILLESSE

Un vieillard d'Athènes* cherchait une place au spectacle et n'en trouvait point. Des jeunes gens, le voyant en peine, lui firent signe de loin; il vint; mais, au lieu de lui faire une place, ils se moquèrent de lui. Il fit ainsi le tour du théâtre*, fort embarrassé de sa personne. Les ambassadeurs* de la République de Lacédémone, qui occupaient une place d'honneur, s'en aperçurent, et, se levant aussitôt, firent asseoir le vieillard au milieu d'eux. Cette action fut remarquée de toute l'assemblée et accueillie par des applaudissements universels.

Réflexions. — Ayez toujours, pour les cheveux blancs, tous les égards qui leur sont dus. Honte à l'enfant méchant qui se moque d'un vieillard ou d'un infirme ! Il sera puni par le mépris public. Au contraire, l'enfant qui respecte et assiste la vieillesse, sera toujours recherché et aimé.

Maxime. — La vieillesse est un dieu sur terre ; nous lui devons la plus grande vénération.

LEXIQUE

Athènes . . . Ville, capitale de la Grèce (aujourd'hui 115.000 habitants).
Théâtre . . . . Lieu où l'on représente des ouvrages dramatiques.
Ambassadeur. Représentant d'un souverain auprès d'une cour étrangère ou d'une république.

DEVOIRS DES FRÈRES ET SŒURS ENTRE EUX

Quelle douceur ineffable n'y a-t-il pas dans cette pensée : « Nous sommes les enfants d'un même père et d'une même mère ! » Avoir trouvé, à peine venus en ce monde, les mêmes objets à vénérer et à chérir entre tous, quelle douceur encore ! Cette communauté de sang et la conformité d'un grand nombre d'habitudes entre frères et sœurs, produisent naturellement une puissante sympathie*.

Si vous voulez être bon frère, défendez-vous de l'égoïsme ; imposez-vous chaque jour d'être généreux dans vos relations fraternelles. Que chacun de vos frères, que chacune de vos sœurs voient que ses intérêts vous sont chers autant que les vôtres. Si l'un d'eux commet une faute, soyez indulgent pour le coupable, non pas seulement comme vous le seriez avec un étranger, mais plus encore. Réjouissez-vous de leurs vertus, imitez-les et, à votre tour, excitez-les par votre exemple.

L'intimité* du foyer ne doit jamais vous faire oublier d'être poli envers vos frères.

Soyez encore plus délicat de manières avec vos sœurs; réjouissez-vous de l'influence qu'elles exercent sur votre âme pour l'adoucir, et puisque la nature les a faites plus faibles et plus sensibles que vous, soyez d'autant plus attentif à les consoler dans leurs afflictions et à ne pas les affliger vous-même.

Ceux qui contractent à l'égard de leurs frères et de leurs sœurs des habitudes de malveillance et de grossièreté, restent grossiers et malveillants avec tout le monde.

(A un fils.) SILVIO PELLICO.

Réflexions. — Quand un de vos frères se trouve dans le malheur, vous avez le devoir de lui venir en aide; y manquer, c'est méconnaître la loi du sang et renier sa propre famille.

Maxime. — O mon frère, marchons toujours la main dans la main, unis par un même amour pour nos parents, notre patrie et Dieu.

LEXIQUE

Sympathie . . Penchant d'amitié qui attire deux personnes.
Intimité. . . .. Liaison d'amitié très forte.

EXERCICES ORAUX ET ÉCRITS

1. Quel est le sens de cette maxime : La vieillesse est un dieu sur terre? Dire comment elle doit être traitée par les enfants et par les grandes personnes.
2. Rappelez les devoirs des frères et sœurs entre eux ; que doit-on entendre par ces mots : un frère est un ami donné par la nature?
3. Qu'entend-on par *devoirs de parenté* et quels sont les devoirs que l'enfant a à remplir avec ses grands-parents, ses oncles, tantes, cousins et cousines? Ont-ils tous le même degré?

PROGRAMME : *Devoirs réciproques des maîtres et des serviteurs*

ANNE COUPEAU

Née aux environs de Mayence en 1796, Anne Coupeau était le septième enfant d'un pauvre journalier. A cinq ans, elle perdit son père, et, en quelques mois, ses frères et ses sœurs, à l'exception de deux, dont l'une alla se placer à Mayence, et l'autre, toujours malade, resta auprès de sa mère. Dès l'âge de onze ans, Anne entra en condition*; elle portait régulièrement ses gages à sa mère pour l'aider à vivre. A dix-sept ans, elle partit pour Mayence où l'appelait sa sœur, depuis longtemps établie dans cette ville, et qui l'avait aidée dans l'accomplissement de ses devoirs filiaux.

Elle trouve à s'y placer dans une famille honorable. Là, on lui donna cinquante francs. Elle dut les consacrer en presque totalité à secourir cette sœur qui, beaucoup plus âgée qu'elle, et devenue incapable de toute occupation, languit près de dix ans.

Après vingt-sept ans de service dans la même famille, elle s'aperçut que son maître se trouvait dans l'impossibilité d'équilibrer son budget*; elle renonça aussitôt à ses gages.

En 1869, un neveu de son maître, engagé dans une fabrique, fit faillite*. Il était père de huit enfants, avec lesquels il se réfugia chez son oncle.

Celui-ci, réduit par ce surcroît de charges à une véritable détresse, a hypothéqué* la vieille maison qui, avec quelques centaines de francs de rente, composait tout son avoir.

Anne Coupeau leur a sacrifié trois cents francs qu'elle avait péniblement amassés, et comme on lui représentait qu'elle s'exposait à finir ses jours à l'hôpital :

« Eh bien! a-t-elle répondu, comme le bon Dieu voudra. Pourvu que j'y sois reçue, j'y mourrai heureuse. »

Réflexions. — Le domestique, traité comme l'enfant de la maison, s'attache à ses maîtres, se dévoue à leur service et consacre même quelquefois ses ressources au soulagement de leurs misères.

Maxime. — Les bons maîtres font les bons domestiques : tel valet, tel maître ; tel maître, tel valet.

LEXIQUE

Entra en condition . .	S'engagea à servir un patron comme domestique.
Equilibrer son budget.	Faire assez de recettes pour payer ses dépenses de l'année.

Faillite . . . . État d'un négociant qui cesse ses paiements, faute de fonds.

Hypothéqué . . . . . . Grevé d'un droit du créancier sur un immeuble du débiteur.

UNE APPRENTIE RECONNAISSANTE

Antoinette était orpheline et n'avait aucune fortune, lorsqu'à l'âge de onze ans elle fut recueillie par des demoiselles qui avaient connu sa mère. Elles lui firent apprendre l'état d'ouvrière en linge, qu'elles exerçaient et qui suffisait à leur existence.

Malheureusement, l'une de ses bienfaitrices, frappée d'une paralysie* partielle, fut dans l'impossibilité de travailler ; l'autre, sourde et muette de naissance, fut encore affligée d'une maladie sur les yeux qui lui en ôta tout à fait l'usage. Ces deux sœurs n'eurent plus de ressources pour subsister. Il leur fallut recourir au bureau de charité ; mais tout le monde connaît l'insuffisance de ce secours : elles ne pouvaient pas vivre. Ce fut alors qu'Antoinette, vivement reconnaissante des services qu'elles lui avaient rendus, se détermina à leur consacrer tout son temps et tout le produit de son travail : elle ne vécut plus que pour ses infortunées bienfaitrices, s'occupa de leurs infirmités, travailla à les adoucir, leur prodigua les soins les plus assidus, les assista par tous les moyens qui dépendaient d'elle, s'imposa toutes les privations et confondit son existence avec la leur. Ce zèle religieux d'Antoinette pour ses maîtresses, ce sentiment tendre, cette piété active, ne se sont pas démentis un seul instant.

Réflexions. — Quelle que soit notre situation, nous devons compâtir aux souffrances d'autrui et lui venir en aide suivant nos moyens.

Maxime. — Vis avec ton inférieur comme tu voudrais que ton supérieur vécût avec toi.

LEXIQUE

Paralysie . . . Privation de l'usage d'un membre ou d'un organe.

LES OBLIGATIONS DES SERVITEURS

L'homme qui travaille pour son compte est toujours assez bien disposé à mettre son temps à profit, parce qu'il en connaît le prix : il n'en est pas de même, très fréquemment, de ceux qui travaillent pour autrui. Il y en a qui ne se font pas scrupule* de perdre tantôt une heure, tantôt plus, dans chaque journée, quand ils ne sont pas surveillés par l'œil du maître. C'est une action très blâmable, et, pour appeler les choses par leur nom : c'est un vol. Que penseriez-vous d'un chef de maison qui, à la fin de l'année, retiendrait une partie du salaire de ses domestiques ? Vous diriez : c'est un voleur. Eh bien ! celui qui engage ses services, moyennant un prix convenu, et qui perd son temps, est pour le moins aussi voleur, puisqu'il doit son temps comme l'autre lui doit tout le montant de ses gages*. Les hommes gagés à la journée et les domestiques à l'année sont, à cet égard, dans la même position. Celui qui travaille à la tâche ne fait tort qu'à lui-même, parce qu'il ne reçoit le prix de son travail que quand sa tâche est finie.

Réflexion. — Le bon serviteur prouve son affection à ses maîtres par le zèle qu'il apporte à les servir. Il ne reste jamais oisif et songe que le gage qu'il reçoit est le prix de son travail. Ne pas le gagner, c'est le voler.

Maxime. — Ce qui se passe chez le maître doit être un secret pour les domestiques.

LEXIQUE

Scrupule . . . Inquiétude de conscience qui fait regarder comme un crime ce qui ne l'est pas.
Gage . . . . . Salaire payé à un ouvrier.

MAITRES ET SERVITEURS

« Il est mal de traiter, du ton de l'arrogance*,
Ceux que le sort a mis sous notre dépendance.
Sans doute, et j'en conviens, leurs défauts sont nombreux,
Mais, ces défauts, hélas ! nous les avons comme eux.

Et l'éducation qui, chez nous, les tempère,
Nous fait de l'indulgence une loi très sévère.
Soyons-en convaincus, ce n'est point en prenant
De ridicules airs de prince ou de pédant *,
Qu'on rend ses serviteurs honnêtes et fidèles.
Lorsqu'à nos volontés ils se montrent rebelles
Au devoir, qu'un moment ils allaient oublier,
On peut les ramener sans les humilier.
Mais c'est surtout à ceux que courbe la vieillesse
Que l'on ne doit jamais parler avec rudesse,
Car le courroux * divin pèse sur les enfants
Qui ne s'inclinent pas devant les cheveux blancs. »

ELISE MOREAU.

Réflexions. — Les serviteurs donnent leur travail, les maîtres donnent leurs écus; c'est une convention que chacun doit tenir à honneur d'observer. Les enfants ne doivent jamais donner d'ordres à des serviteurs plus âgés qu'eux; que deviendraient ces derniers s'ils devaient satisfaire tous leurs caprices?

Maxime. — Les serviteurs rendent en bons offices les soins qu'ils reçoivent des maîtres.

LEXIQUE

Arrogance . . Fierté méprisante et insultante.
Pédant . . . . Qui affecte de paraître savant.
Courroux . . . Colère.

EXERCICES ORAUX ET ÉCRITS

1. Que doit le serviteur à son maître? Parlez du désintéressement d'Anne Coupeau.
2. Que penser de celui qui ose dire : j'en donne à mon maître pour son argent?
3. Développez les devoirs réciproques des maîtres et des serviteurs.

PROGRAMME : *Ecoles. — Assiduité. — Docilité. — Convenances Politesse. — Travail*

L'ÉCOLIER LABORIEUX

Diderot, un des plus illustres écrivains français du XVIIIe siècle, était né à Langres, le 5 octobre 1713, d'une modeste famille d'artisans*. Son père était coutelier et n'avait jamais quitté son établi; mais il put faire donner à son fils une éducation classique très complète.

Diderot travailla avec ardeur pour récompenser son père des sacrifices qu'il s'imposait pour lui. Le succès le récompensa lui-même de son travail, et il se rappela toujours avec émotion le plaisir qu'il éprouvait lorsqu'il apportait à la maison paternelle ses prix, ses couronnes.

« Un des moments les plus doux de ma vie, disait-il, ce fut, il y a plus de trente ans, et je m'en souviens comme d'hier, lorsque mon père me vit arriver du collège les bras chargés des prix que j'avais remportés et les épaules chargées de couronnes qu'on m'avait données, et qui, trop larges pour mon front, avaient laissé passer ma tête. Du plus loin qu'il m'aperçut, il laissa son ouvrage, il s'avança sur la porte et se mit à pleurer. C'est une belle chose qu'un homme de bien et sévère qui pleure ! »

Réflexions. — Allez régulièrement à l'école ; étudiez bien vos leçons; obéissez à vos maîtres comme à vos parents dont ils ont l'autorité : soyez reconnaissants et respectueux envers eux. Ne soyez point paresseux ; aimez vos camarades ; ne soyez pas *dénonciateurs* et n'ouvrez jamais votre cœur à la *dissimulation* et à l'*hypocrisie*.

Maxime. — Faites avec intelligence tout ce que vous avez à faire.

LEXIQUE

Artisan . . . . Homme de métier, comme menuisier, charpentier, etc.

LA DERNIÈRE CLASSE DANS UNE ÉCOLE D'ALSACE

Ce matin-là j'étais très en retard pour aller à l'école, et j'avais grand'peur d'être grondé, d'autant que M. Hamel nous avait dit qu'il nous interrogerait sur les participes, et je ne savais pas le premier mot. Un moment, l'idée me vint de manquer la classe et de prendre ma course à travers les champs. Le temps était si chaud, si clair! On entendait des merles* siffler à la lisière du bois, et dans le pré Rippert, derrière la scierie, les Prussiens qui faisaient l'exercice. Tout cela me tentait bien plus que la règle des participes; mais j'eus la force de résister et je courus bien vite vers l'école.

En passant devant la mairie, je vis qu'il y avait du monde arrêté près du petit grillage* aux affiches.

J'étais très en retard pour aller à l'école

Depuis deux ans, c'est de là que nous sont venues toutes les mauvaises nouvelles, les batailles perdues, les réquisitions, les ordres de la commandature*; et je pensai sans m'arrêter : « Qu'est-ce qu'il y a encore? » Alors, comme je traversais la place en courant, le forgeron Wachter, qui était là avec son apprenti en train de lire l'affiche, me cria : « Ne te dépêche pas tant, petit, tu y arriveras toujours assez tôt, à ton école. » Je crus qu'il se moquait de moi et j'entrai tout essoufflé dans la petite cour* de M. Hamel.

D'ordinaire, au commencement de la classe, il se faisait un grand tapage* qu'on entendait jusque dans la rue, les pupitres ouverts, fermés, les leçons qu'on répétait très haut, tous ensemble en se bouchant les oreilles pour mieux apprendre, et la grosse règle du maître qui tapait sur les tables : « Un peu de silence ! » Je comptais sur tout ce train pour gagner mon banc sans être vu ; mais justement ce jour-là tout était tranquille, comme un matin de dimanche. Par la fenêtre ouverte, je voyais mes camarades déjà rangés à leurs places et M. Hamel, qui passait et repassait avec la terrible règle de fer sous le bras. Il fallut ouvrir la porte et entrer au milieu de ce grand calme. Vous pensez si j'étais rouge et si j'avais peur. Eh bien ! non. M. Hamel me regarda sans colère et me dit très doucement : « Va vite à ta place, mon petit Frantz..., nous allions commencer sans toi. » J'enjambai le banc et je m'assis tout de suite à mon pupitre. Alors seulement, un peu remis de ma frayeur, je remarquai que notre maître avait sa belle redingote verte, son jabot * plissé fin et la calotte de soie brodée qu'il ne mettait que les jours d'inspection ou de distribution de prix. Du reste, toute la classe avait quelque chose d'extraordinaire et de solennel. Mais ce qui me surprit le plus, ce fut de voir au fond de la salle, sur les bancs qui restaient vides d'habitude, des gens du village assis et silencieux comme nous, le vieux Hauser avec son tricorne*, l'ancien maire, l'ancien facteur, et puis d'autres personnes encore; et Hauser avait apporté un vieil abécédaire* mangé aux bords, qu'il tenait grand ouvert sur ses genoux, avec ses grosses lunettes posées en travers des pages.

Pendant que je m'étonnais de tout cela, M. Hamel était monté dans sa chaire *, et de la même voix douce et grave dont il m'avait reçu, il nous dit : « Mes enfants, c'est la dernière fois que je vous fais la classe. L'ordre est venu de Berlin * de ne plus enseigner que l'allemand dans les écoles de l'Alsace et de la Lorraine.... Le nouveau maître arrive demain. Aujourd'hui c'est votre dernière leçon de français. Je vous prie d'être attentifs. »

Ces quelques mots me bouleversèrent. Ah ! les misérables, voilà ce qu'ils avaient affiché à la mairie.

Ma dernière leçon de français !... Et moi qui savais à

peine écrire. Je n'apprendrais donc jamais. Il faudrait donc en rester là... Comme je m'en voulais maintenant du temps perdu, des classes manquées à courir les nids et à faire des glissades sur la Saar *. Mes livres, que tout à l'heure encore je trouvais si ennuyeux, si lourds à porter, ma grammaire, mon histoire de France me semblaient à présent de vieux amis qui me feraient beaucoup de peine à quitter. C'est comme M. Hamel. L'idée qu'il allait partir, que je ne le verrais plus, me faisait oublier les punitions qu'il m'avait infligées. Pauvre homme ! C'est en l'honneur de cette dernière classe qu'il avait mis ses beaux habits du dimanche, et maintenant je comprenais pourquoi ces vieux du village étaient venus s'asseoir au bout de la salle. Cela semblait dire qu'ils regrettaient de ne pas y être venus plus souvent, à cette école. C'était aussi comme une façon de remercier notre maître de ses quarante ans de bons services et de rendre leurs devoirs à la Patrie qui s'en allait.

J'en étais là de mes réflexions, quand j'entendis appeler mon nom ; c'était mon tour de réciter. Que n'aurais-je pas donné pour pouvoir dire tout du long cette fameuse règle des participes, bien haut, bien clair, sans une faute ; mais je m'embrouillai aux premiers mots, et je restai debout à me balancer dans mon banc, le cœur gros, sans oser lever la tête. J'entendais M. Hamel qui me parlait : « Je ne te gronderai pas, mon petit Frantz, tu dois être assez puni..., voilà ce que c'est, tous les jours on se dit : « Bah ! j'ai bien le » temps, j'apprendrai demain. » Et puis tu vois ce qui arrive.... Ah ! ça été le grand malheur de notre Alsace de toujours remettre son instruction à demain. Maintenant ces gens-là sont en droit de nous dire : « Comment ! » vous prétendiez être Français et vous ne savez ni parler » ni écrire votre langue !... » De tout ça, mon pauvre Frantz, ce n'est pas toi encore le plus coupable. Nous avons tous notre bonne part de reproches à nous faire. Vos parents n'ont pas assez tenu à vous voir instruits ; ils aimaient mieux vous envoyer travailler à la terre ou aux filatures * pour avoir quelques sous de plus. Moi-même, n'ai-je rien à me reprocher ?... »

Alors, d'une chose à l'autre, M. Hamel se mit à nous parler de la langue française, disant que c'était la plus belle langue du monde, la plus claire, la plus solide, qu'il fallait la garder entre nous et ne jamais l'oublier, parce que, « quand un peuple tombe esclave, tant qu'il » garde sa langue, c'est comme s'il tenait la clef de sa » prison. » Puis il prit une grammaire et nous lut notre leçon ; j'étais étonné de voir comme je comprenais. Tout ce qu'il me disait me semblait facile. Je crois aussi que je n'avais jamais si bien écouté, et que lui non plus n'avait jamais mis autant de patience à ses explications. On aurait dit qu'avant de s'en aller le pauvre cher homme voulait nous donner tout son savoir, nous le faire entrer d'un seul coup.

La leçon finie, on passa à l'écriture. Pour ce jour-là, M. Hamel nous avait préparé des exemples tout neufs, sur lesquels était écrit en belle ronde : « France, Alsace ! France, Alsace ! » Cela faisait comme de petits drapeaux qui flottaient tout autour de la classe, pendus à la tringle* de nos pupitres. Il fallait voir comme chacun s'appliquait, et quel silence !

On n'entendait rien que le grincement des plumes sur le papier. Un moment des hannetons* entrèrent, mais personne n'y fit attention, pas même les tout petits qui s'appliquaient à tracer leurs bâtons avec un cœur, une conscience, comme si cela aussi était du français.... Sur la toiture de l'école, des pigeons roucoulaient tout bas, et je me disais en les écoutant : « Pourvu qu'on ne les oblige pas à chanter en allemand ! »

De temps en temps, quand je levais les yeux de dessus ma page, je voyais M. Hamel, immobile dans sa chaire et fixant les objets autour de lui, comme s'il avait voulu emporter dans son regard toute sa petite maison d'école. Pensez ! depuis quarante ans, il était là, à la même place, avec sa cour en face de lui, et sa classe toute pareille. Seulement, les bancs, les pupitres s'étaient polis, frottés par l'usage, les noyers de la cour avaient grandi et le houblon qu'il avait planté lui-même enguirlandait maintenant les fenêtres jusqu'au toit. Quel crève-cœur* ça devait être pour ce pauvre homme de quitter tout cela et d'entendre sa sœur qui allait, venait dans la chambre au-dessus en train de fermer les malles, car ils devaient partir le lendemain, s'en aller du pays pour toujours.

Tout de même, il eut le courage de nous faire la classe jusqu'au bout. Après l'écriture, nous eûmes la leçon d'histoire, ensuite les petits chantèrent tous ensemble le BA, BE, BI, BO, BU. Là-bas, au fond de la salle, le vieux Hauser avait mis ses lunettes et tenait son abécédaire à deux mains, il épelait les lettres avec eux. On voyait qu'il s'appliquait lui aussi. Sa voix tremblait d'émotion, et c'était si drôle de l'entendre que nous avions tous envie de rire et de pleurer. Ah ! je m'en souviendrai de cette dernière classe !...

Tout à coup, l'horloge de l'église sonna midi, puis l'*Angelus*. Au même moment, les trompettes des Prussiens qui revenaient de l'exercice éclatèrent sous nos fenêtres.... M. Hamel se leva tout pâle dans sa chaire. Jamais il ne m'avait paru si grand. « Mes amis, dit-il, je.... je.... » Mais quelque chose l'étouffait ; il ne pouvait pas achever sa phrase.

Alors il se retourna vers le tableau, prit un morceau de craie, et, en appuyant de toutes ses forces, il écrivit aussi gros qu'il put : « Vive la France ! » Puis il resta là, la tête appuyée au mur et, sans parler, avec sa main, il nous faisait signe : « C'est fini..., allez-vous-en. »

(Contes du Lundi.) Alphonse DAUDET.

Réflexions. — Profitez du temps qui vous est donné pour vous instruire, car vous n'êtes pas sûrs du lendemain. Un événement imprévu peut détruire vos projets d'étude, et si vous restez ignorants, vous serez comme un aveugle au milieu des beautés de l'univers, comme un sourd au milieu des plus doux concerts.

Maxime. — Sans exactitude à l'école, il n'y a pas de progrès possibles.

LEXIQUE

Merle . . . . Oiseau de l'ordre des passereaux.
Grillage. . . . . . Garniture de fil de fer.
Commandature. . Résidence du commandant, sorte de chef en Alsace-Lorraine.
Cour . . . . Espace découvert dépendant d'une habitation et entouré de constructions.

Tapage . . . . . . Désordre accompagné de bruit.
Jabot . . . . Dentelle qui orne le devant d'une chemise d'homme.
Tricorne . . . . . Chapeau à trois cornes.
Abécédaire . . . . Alphabet à l'usage des enfants qui apprennent à lire.
Chaire . . . . . . Siège sur lequel on se place pour enseigner.
Berlin. . . . . . . Capitale de la Prusse, sur la Sp ée, 1.100.000 hab.
Saar . . . . Rivière d'Alsace.
Filature. . . . . . Etablissement où l'on file le lin, le chanvre, etc.
Tringle . . . . . . Baguette de fer, mince et ronde ; baguette de bois.
Hanneton. . . . . Genre d'insectes coléoptères nuisibles.
Crève-cœur. . . . Grand déplaisir, douleur mêlée de dépit.

LA MAUVAISE NOTE

« Pourquoi me donnez-vous une mauvaise note ?
— C'est pour avoir mal travaillé.
— Eh bien, dit Marceline (elle n'était point sotte,
Elle avait l'air fort éveillé),
Ne pourriez-vous pourtant pas m'en donner une bonne ?
Ne me dites-vous pas toujours qu'il est moral
De rendre le bien pour le mal ?
Il me semble que je raisonne. »
La maîtresse sourit : « L'argument*, chère enfant,
Est assez imprévu* mais n'est pas triomphant*.
Vous n'avez pas fait mal à moi, mais à vous-même,
Et je dois vous punir parce que je vous aime. »

(Les Petites Femmes.) Louis RATISBONNE.

Réflexions. — On se repent toujours d'avoir mal employé son temps à l'école. Le temps est comme l'argent : il ne faut pas le gaspiller.

Maxime. — Le bon maître sait aimer, récompenser et punir.

LEXIQUE

Argument . . Raisonnement par lequel on tire une conséquence.
Imprévu . . . Qui n'a pas été vu d'avance.
Triomphant . Concluant.

LAZARE CARNOT

Un jour, il s'arracha à ses importants travaux pour revoir les lieux où s'était écoulée son enfance. Arrivé à Nolay, il prit le chemin qui menait à la maison d'école. Là, il eut le bonheur de retrouver son vieux maître blanchi par les années et qui enseignait encore les petits enfants. Il se jeta à son cou, puis le montrant à ceux qui l'entouraient : « Voilà, dit-il, après mes parents, l'homme à qui je dois le plus. Voilà mon second père. C'est de lui que j'ai appris à connaître et à aimer la France. »

Après mes parents, l'instituteur est l'homme à qui je dois le plus

Réflexions. — Quelle que soit notre situation, aimons à visiter notre instituteur à qui nous devons notre instruction et notre bien-être.

Maxime. — La reconnaissance est une clef d'or qui ouvre tous les cœurs.

HONORONS NOS MAITRES

Le grand Théodose, empereur romain, avait confié l'éducation de son fils Arcadius au philosophe* Arsène, homme renommé par son savoir et ses vertus.

L'enfant, tirant vanité de ce qu'il était le fils de l'empereur, prenait ses leçons assis et laissant le philosophe debout devant lui. Un jour Théodose s'en aperçut et, s'adressant à son fils : « Lève-toi et cède cette place à ton maître, lui dit-il. Les richesses et la naissance sont un don du hasard, et tu n'as à en prétendre aucun mérite, mais la science de ce philosophe est un mérite qui est vraiment à lui et qui doit lui attirer le respect de tous. Honneur aux maîtres ! »

Et cependant on voit certains écoliers faire peu de cas de leurs maîtres par la seule raison qu'il est pauvre et qu'eux sont fils d'un homme puissant ou riche. Qu'en pensez-vous, mes petits amis ?

Mme A. TASTU.

Réflexions. — L'enfant qui mépriserait son maître aurait un mauvais cœur ; il serait profondément ingrat envers le meilleur de ses amis, celui qui a consacré pour lui santé, plaisir et parfois fortune.

Maxime. — Les maîtres donnent aux enfants la vie de l'âme et leur apprennent à en user. QUINTILIEN.

LEXIQUE

Philosophe. . Sage qui mène une vie tranquille et retirée ; savant.

RECONNAISSANCE DUE AUX MAITRES

Il y a trente ans vivait à Reims un maître de pension que tous ses élèves chérissaient. Il était ferme et bon, instruit et modeste. Après quelques années de travail peu fructueux, des revers de fortune* l'obligèrent à quitter cette ville, et ses anciens élèves le perdirent de vue, tout en conservant de lui le souvenir le plus vif et le plus reconnaissant.

Dix ans plus tard, un habitant de Reims, son ancien élève, traversant une des rues les plus étroites de la Cité, à Paris, aperçut un vieillard dont la misère décente* et l'air distingué le frappèrent vivement.

Quelle n'est pas son émotion en reconnaissant, dans cet infortuné, son ancien maître de pension. Il l'aborde ; il échange avec lui les compliments les plus affectueux ; il l'interroge avec réserve et parvient à savoir son adresse.

Poussant plus loin ses investigations*, il s'informe discrètement des moyens d'existence de ce vieillard et apprend avec douleur qu'il est à peu près sans ressources.

De retour à Reims, il assemble un soir chez lui ses anciens camarades, leur parle de la rencontre qu'il a faite, et les engage à s'unir à lui pour venir au secours de leur malheureux maître. Séance tenante, on décide qu'une pension de mille francs lui sera assurée jusqu'à la fin de ses jours.

Réflexions. — Nous ne pouvons pas toujours témoigner en nature notre reconnaissance à notre instituteur, mais nous devons toujours lui prouver notre gratitude par un amour sincère, un dévouement absolu allant jusqu'à la *charité privée*, si les circonstances l'exigent.

Maxime. — Après nos parents, c'est à l'instituteur que nous devons le plus.

LEXIQUE

Revers de fortune .	Perte d'argent ou de situation.
Décente.	Conforme à la bienséance
Investigation. . . .	Recherches actives.

LA POLITESSE

Il est très important d'acquérir de bonnes manières, la grossièreté rebute tout le monde et même les personnes les plus vertueuses. Cela inspire, malgré soi, un certain dégoût qui fait qu'on évite d'avoir affaire aux personnes qui n'ont ni attention, ni politesse, ni savoir-vivre.

Vous ne sauriez trop prendre l'habitude d'être polies entre vous (1), c'est le moyen de l'être avec tout le monde.

Que toutes vos actions soient tranquilles, douces et modestes. Ne jetez point une porte, ni un siège, ni un livre de toutes vos forces comme un manœuvre ferait d'une pierre.

Conduisez la porte doucement avec la main, et posez de même de bonne grâce le livre et toute autre chose. Ne passez devant personne sans faire la révérence*. Cédez-vous le pas à une porte ou du moins faites-vous

(1) Mme de Maintenon s'adresse aux demoiselles de Saint-Cyr.

un petit air de politesse avant d'entrer. Ne répondez jamais oui ou non tout court; il vous est absolument nécessaire d'y ajouter : oui monsieur, oui madame, non ma mère, non mademoiselle, etc., si vous ne voulez pas être aussi grossières que les personnes les plus mal apprises. Ne recevez jamais rien et ne présentez jamais rien à qui que ce soit sans faire auparavant un geste de politesse. Parlez bon français et n'inventez pas mille mots qui ne signifient rien et ne sont en usage nulle part. Mettez-vous dans l'esprit, une fois pour toutes, que quelque vertu, quelque mérite, quelque talent et quelques bonnes qualités que vous puissiez avoir d'ailleurs, vous serez insupportables aux honnêtes gens si vous ne savez pas vivre.

Que tout votre extérieur soit bien composé; tenez-vous droites; portez bien la tête; n'ayez point le menton baissé; la modestie est dans les yeux qu'il faut savoir conduire modestement, et non dans le menton.

Quelque chose que vous fassiez, prenez garde de ne fâcher personne et de n'incommoder qui que ce soit. C'est de quoi il faut toujours être occupées, si l'on ne veut déplaire presque incessamment * dans la société.

Mme DE MAINTENON.

Réflexions. — La politesse et les bonnes manières sont préférables à l'instruction : elles prennent rang, par leur importance, immédiatement après la piété et la vertu.

Maxime. — La politesse fait partie de la probité comme l'orthographe du style.

LEXIQUE

Révérence . . Mouvement du corps pour saluer.
Incessamment Sans délai ; au plus tôt ; sans cesse.

EXERCICES ORAUX ET ÉCRITS

1. Comment l'instituteur peut-il préparer la grandeur de la France ?
2. Rappelez, en les développant, les devoirs de l'enfant à l'école, envers ses maîtres et envers l'Etat.
3. Exposez quelle doit être la conduite de l'écolier envers ses camarades.

Programme : *Les Camarades*

JEANNOT ET COLIN, OU LE BON AMI

Toutes les grandeurs de ce monde ne valent pas un bon ami.

Jeannot et Colin apprenaient à lire chez l'instituteur du même village. Jeannot était fils d'un marchand de mulets et Colin devait le jour à un brave laboureur. Ces deux enfants, qui s'aimaient beaucoup, se livraient ensemble aux jeux de leur âge.

Le temps de leurs études était sur le point de finir quand un tailleur apporta à Jeannot un habit de velours à trois couleurs, avec une veste de Lyon * de fort bon goût ; le tout était accompagné d'une lettre à M. de la Jeannotière. Colin admira l'habit et ne fut point jaloux ; mais Jeannot prit un air de supériorité qui affligea Colin.

Dès ce moment, Jeannot n'étudia plus, se regarda au miroir, et méprisa tout le monde. Quelque temps après, un valet de chambre arrive en poste*, et apporte une seconde lettre à M. de la Jeannotière ; elle renfermait l'ordre de venir à Paris. Jeannot monta en chaise *, en tendant la main à Colin avec un sourire de protection. Colin sentit son néant * et pleura. Jeannot partit dans toute la pompe * de sa gloire.

Il faut savoir que M. Jeannot père, à force d'intrigues*, avait acquis assez rapidement des biens immenses dans les entreprises. Bientôt on ne l'appela plus que M. de la Jeannotière ; il y avait même déjà six mois qu'il avait acheté un marquisat lorsqu'il retira de l'école son fils pour le mettre à Paris dans le beau monde.

Colin, toujours tendre, écrivit une lettre de compliment à son ancien camarade. Le petit marquis ne lui fit point de réponse. Colin fut malade de douleur.

Ruine de M. de la Jeannotière
Son emprisonnement

M. de la Jeannotière voulait donner une éducation brillante à son fils ; mais Madame la marquise ne voulait pas qu'il apprît le latin, parce qu'on ne jouait la comédie* et l'opéra* qu'en français; elle empêcha aussi qu'on lui apprît la géographie, parce que, disait-elle, les postillons sauront bien trouver, sans qu'il s'en embarrasse, le chemin de ses terres. Après avoir examiné de cette manière toutes les sciences utiles, il fut décidé que le jeune marquis apprendrait à danser.

On imagine bien qu'éloigné de toutes les études qui devaient occuper un jeune homme, il fut bientôt conduit par l'oisiveté dans le libertinage*. Il dépensa des sommes immenses à rechercher de faux plaisirs, pendant que ses parents s'épuisaient encore davantage à vivre en grands seigneurs.

Ces folies eurent un terme, et, un beau jour, les huissiers* envahirent l'hôtel de M. de la Jeannotière, saisirent les meubles au nom des créanciers, et conduisirent le propriétaire en prison.

En rentrant chez lui, Jeannot trouva sa mère seule, sans secours, sans consolation, noyée dans les larmes; il ne lui restait rien que le souvenir de sa fortune et de ses folles dépenses.

Cependant, le marquis alla chez ceux qu'il avait vus venir le plus familièrement dans la maison de son père; ils le reçurent tous avec une politesse étudiée, mais ne lui donnant que de vagues espérances. Il apprit mieux à connaître le monde dans une demi-journée que dans tout le cours de sa vie.

Rencontre de Jeannot et de Colin

Comme il était plongé dans l'accablement du désespoir, Jeannot vit avancer une chaise roulante, à l'antique, espèce de tombereau couvert avec des rideaux de cuir, suivie de quatre charrettes énormes toutes chargées. Il y avait dans la chaise un jeune homme grossièrement vêtu; c'était un visage rond et frais qui respirait la douceur et la gaieté; sa petite femme, brune et assez grossièrement agréable, était cahotée à côté de lui. La voiture n'allait pas comme le char d'un petit-maître*. Le voyageur eut tout le temps de contempler le marquis immobile, abîmé dans sa douleur.

« Ah! mon Dieu, s'écria-t-il, je crois que c'est là Jeannot! » A ce nom, le marquis lève les yeux; la voiture s'arrête. C'est Jeannot lui-meme, c'est Jeannot!... Le petit homme ne fait qu'un saut et court embrasser son ancien camarade. Jeannot reconnut Colin. La honte et les pleurs couvrirent son visage : « Tu m'as abandonné, lui dit Colin; mais tu as beau être grand seigneur, je t'aimerai toujours. »

Jeannot, confus et attendri, lui conta, en sanglotant, une partie de son histoire. « Viens dans l'hôtellerie où je me loge me conter le reste, lui dit Colin, embrasse ma petite femme et allons dîner ensemble. »

Les Jeannot retournent dans leur pays et se remettent au travail

Ils partent tous trois à pied, suivis du bagage :

Jeannot. — « Qu'est-ce donc que tout cet attirail* ?... Vous appartient-il ?

Colin. — » Oui, tout est à moi et à ma femme. Nous arrivons du pays : je suis à la tête d'une bonne manufacture* de fer étamé* et de cuivre; j'ai épousé la fille d'un riche négociant en ustensiles nécessaires aux grands et aux petits; nous travaillons beaucoup. Dieu nous bénit; nous n'avons pas changé d'état. Nous sommes heureux; nous aiderons notre ami Jeannot.

» Ne sois plus marquis : toutes les grandeurs de ce monde ne valent pas un bon ami. Tu reviendras avec moi au pays, je t'apprendrai le métier, il n'est pas bien difficile; je te mettrai de part, et nous vivrons gaîment dans le coin de terre où nous sommes nés. »

Jeannot éperdu se sentait partagé entre la douleur et la joie, la tendresse et la honte, et il se disait tout bas : « Tous mes amis du bel air m'ont trahi, et Colin, que j'ai méprisé, vient seul à mon secours. Quelle instruction! »

La bonté d'âme de Colin développa dans le cœur de Jeannot le germe du bon naturel que le monde n'avait pas encore étouffé; il sentit que l'on ne pouvait abandonner son père et sa mère : « Nous aurons soin de ta mère, dit Colin, et quant à ton bonhomme de père qui est en prison, j'entends un peu les affaires et je me charge des siennes. »

Il vint effectivement à bout de le tirer des mains de ses créanciers*. Jeannot retourna dans sa patrie avec ses parents qui reprirent leur première profession ; il épousa la sœur de Colin, laquelle, étant de même humeur que son frère, le rendit très heureux. Et Jeannot le père, et Jeannotte la mère, et Jeannot le fils, virent que le bonheur n'est pas dans la vanité.

VOLTAIRE.

Réflexions. — Les camarades doivent *s'entr'aimer* et *s'entr'aider* comme des *frères*. En ne travaillant pas, on s'expose à devenir *vicieux*, car la *paresse* est la source de bien des *vices*.

Le bonheur n'est point dans la vanité ; l'exemple de Jeannot et de Colin, dont le genre de vie était si différent, est une excellente leçon pour la jeunesse.

Maxime. — Le véritable ami ne change point ; l'adversité est sa véritable pierre de touche.

LEXIQUE

Lyon . . . . . Chef-lieu du département du Rhône, au confluent du Rhône et de la Saône, 376,700 habitants, célèbre par ses filatures de soie.

Poste . . . . . Arriver en poste, c'est-à-dire dans une voiture qui fait le service des dépêches.

Chaise. . . . . (Chaise de poste) voiture de voyage.

Néant. . . . . Ce qui n'existe pas, ou qui a peu de valeur et d'importance.

Pompe . . . . Appareil magnifique, fastueux.

Intrigue. . . . Manœuvre, machinations secrètes pour faire réussir ou manquer une affaire.

Comédie . . . Pièce de théâtre ; le théâtre lui-même.

Opéra . . . . . Tragédie en vers, mise en musique. Théâtre où l'on joue des opéras.

Libertinage. . Conduite d'un libertin, c'est-à-dire d'un homme sans morale.

Huissiers . . . Officiers ministériels chargés de signifier certains actes de procédure, et de faire opérer les remboursements.

Petit-Maître . Homme d'une élégance exagérée.

Attirail. . . . Assortiment de choses nécessaires pour un usage déterminé.

Manufacture . Fabrication de certains produits. — Lieu où ils se fabriquent.

Etamé. . . . . Couvert d'une couche d'étain.

Créancier . . Celui à qui on doit une somme d'argent.

LES DEUX AMIS

Deux vrais amis vivaient au Monomotapa [1];
L'un ne possédait rien qui n'appartînt à l'autre.
Les amis de ce pays-là
Valent bien, dit-on, ceux du nôtre.
Une nuit que chacun s'occupait au sommeil,
Et mettait à profit l'absence du soleil,
Un de nos deux amis sort du lit en alarme ;
Il court chez son intime, éveille les valets :
Morphée avait touché le seuil de ce palais.
L'ami couché s'étonne ; il prend sa bourse, il s'arme,
Vient trouver l'autre et dit : Il vous arrive peu
De courir quand on dort, vous me paraissez homme
A mieux user du temps destiné pour le somme :
N'auriez-vous point perdu tout votre argent au jeu ?
En voici. S'il vous est venu quelque querelle,
J'ai mon épée, allons. Vous ennuyez-vous point...
Non, dit l'ami, ce n'est ni l'un ni l'autre point :
Je vous rends grâce de ce zèle.
Vous m'êtes, en dormant, un peu triste apparu :
J'ai craint qu'il ne fût vrai ; je suis vite accouru.
Ce maudit songe en est la cause.

Qui d'eux aimait le mieux ? Que t'en semble, lecteur ?
Cette difficulté vaut bien qu'on la propose.
Qu'un ami véritable est une douce chose !

Il cherche vos besoins au fond de votre cœur ;
Il vous épargne la pudeur
De les lui découvrir vous-même ;
Un songe, un rien, tout lui fait peur,
Quand il s'agit de ce qu'il aime.

LA FONTAINE.

LES CAMARADES

La camaraderie est le commencement de l'amitié. Tout camarade est comme un ami en espérance. Sans doute, on ne peut aimer tous ses camarades également.

(1) Ancien royaume d'Afrique, appelé aujourd'hui Cafrerie.

Il y en a quelques-uns que l'on distingue particulièrement, parce qu'on a le même âge qu'eux, parce qu'on a les mêmes goûts, parce qu'on aime les mêmes jeux, parce qu'on a la même passion pour le travail. C'est toujours parce qu'ils aiment une même chose que deux enfants commencent à s'aimer l'un l'autre. Deux frères s'aiment, parce qu'ils éprouvent le même sentiment de piété filiale pour leurs parents. Deux camarades s'affectionnent, parce qu'ils partagent les mêmes études, les mêmes récréations. Mais, tous vos camarades, quels qu'ils soient, ont droit à vos égards, à votre bienveillance. Vous devez rechercher toutes les occasions possibles de les obliger, de les servir, non pas seulement parce que, à leur tour, ils vous obligeront et vous serviront, mais parce que c'est à la fois un plaisir et un devoir de rendre service à ses semblables. S'ils sont malheureux, plaignez-les. Si vous pouvez leur être utile sans faire tort à personne, sans violer la règle, aidez-les. Ne leur dites jamais, quand ils ont besoin de quelque chose : « Ne peux-tu le faire toi-même ? »

COMPAYRÉ.

Maxime. — Ne quitte pas un ancien ami, car celui de demain ne saurait lui ressembler.

LE SERGENT MARINEL

Un incendie avait éclaté dans une maison dépendant d'une des casernes de Strasbourg. Grâce à de prompts secours, les ravages du feu avaient été arrêtés dans les étages supérieurs ; mais la cave renfermait un baril de poudre et mille paquets de cartouches : une explosion était imminente, et, de tous côtés, on se sauvait. Cependant, le sergent Marinel apprend que, dans une des mansardes*, se trouvent encore deux soldats que les infirmités retiennent dans leur lit. Il décide quelques hommes à pénétrer avec lui dans la maison. « Si nous arrivons au réservoir, s'écrie-t-il, nous pourrons noyer les poudres. » En disant ces mots, il s'engage dans l'escalier inférieur, sans s'apercevoir que ses compagnons, aveuglés par la fumée, ont bientôt renoncé à le suivre. Il arrive seul devant la porte d'un premier caveau*. Cette porte était fermée; d'une poutre, il se fait un bélier* et l'enfonce. Au moment de passer outre, il est arrêté par un tourbillon de flammes. Effrayé, il hésite, il recule, il se dispose à remonter. Mais bientôt, à la pensée que le feu va gagner les matières explosibles*, que la maison va sauter et que les deux malades vont infailliblement périr, il s'arme d'un nouveau courage et se précipite au foyer même de l'incendie. Enfin, le voilà dans la poudrière; il ne fait qu'un bond vers le réservoir, ouvre le robinet. L'eau inonde la cave; tout danger d'explosion a disparu. La foule se précipite dans la maison : on découvre Marinel presque enseveli sous les décombres, le visage noirci et sanglant, la barbe et les cheveux brûlés, respirant à peine, mais trouvant encore assez de force pour murmurer : « Et les camarades ? » Ses camarades furent sauvés, et lui-même fut rappelé non sans peine à la vie.

VIENNET.

Réflexions. — « La camaraderie est le commencement de l'amitié : l'amitié est le plus bel idéal de la fraternité. »

Maxime. — Choisis pour camarade l'homme que tu connais le plus vertueux.

LEXIQUE

Mansarde. . . Petit logement pratiqué dans les combles, imaginé par Mansard.
Caveau . . . . Petite cave ; sépulcre de famille dans un cimetière.
Bélier. . . . . Machine pour démolir autrefois les fortifications.
Explosible . . Qui peut faire explosion, c'est-à-dire provoquer une détonation et ébranler un édifice.

EXERCICES ORAUX ET ÉCRITS

1. On dit souvent que c'est dans l'adversité qu'on connaît ses amis : justifiez cette maxime.
2. Montrez que les amitiés d'enfance sont les plus durables et dites-en la raison.
3. Dans quelles circonstances faut-il aider ses camarades? Citez les différents moyens de leur venir en aide.

CHAPITRE II

LA PATRIE

PROGRAMME : *La patrie. — La France, ses grandeurs, ses malheurs et ses bienfaits*

CE QUE C'EST QUE LA PATRIE

La patrie, mes enfants, ce n'est pas seulement votre plaine ou votre coteau, la flèche de votre clocher ou la fumée de vos cheminées qui monte dans l'air, ou la cime de vos arbres, ou les chansons monotones* de vos pâtres ! La patrie, c'est la Picardie pour les habitants de la Provence ; c'est la Bretagne pour les montagnards du Jura, c'est tout ce que notre vieille France contient de pays et de citoyens dans les vastes limites du Rhin, des Pyrénées et de l'Océan ! La patrie, c'est ce qui parle notre langue, c'est ce qui fait battre nos cœurs, c'est l'unité de notre territoire et de notre indépendance, c'est la gloire de nos pères, c'est la communauté du nom français, c'est la grandeur de la liberté ! La patrie, c'est l'azur de notre ciel, c'est le doux soleil qui nous éclaire, les beaux fleuves qui nous arrosent, les forêts qui nous ombragent et les terres fertiles qui s'étendent sous nos pas ! La patrie, c'est tous nos concitoyens, grands ou petits, riches ou pauvres ! La patrie, c'est la nation que vous devez aimer, honorer, servir et défendre de toutes les facultés de votre intelligence, de toutes les forces de votre bras, de toute l'énergie et de tout l'amour de votre âme...

Notre patrie est une terre bénie et bien digne d'être aimée. « Elle produit le blé qui nourrit les hommes et le vin qui réjouit et fortifie les cœurs. Des arbres de toutes sortes l'embellissent et l'enrichissent : le figuier, l'olivier, le mûrier qui alimentent nos magnaneries*, le chêne, le pin, les arbres à fruits y croissent abondamment. » De vastes pâturages repaissent des troupeaux nombreux qui bondissent sur des terres inaccessibles à la culture. Dans son sein, on trouve d'inépuisables mines de sel, de charbon, de fer, de cuivre, de plomb et d'autres métaux utiles qui dispensent les Français de recourir à l'industrie étrangère.

Un tel pays ne doit-il pas faire envie à ses voisins?

Ses Grandeurs

La France a bien eu des journées de deuil, mais elle a eu aussi des journées éclatantes.

Nos ancêtres, les Gaulois, étaient une race brave. On se rappelle qu'ils ne craignaient qu'une chose : « la chute du ciel. »

Eh bien! mes petits amis, la race n'a pas dégénéré. Elle est à la fois une race brave et fière. Elle a produit dans chaque siècle des héros et des martyrs, qui ont préféré mourir au champ d'honneur plutôt que manquer à leur dignité de citoyens, car rien n'est plus haïssable chez nous que la lâcheté.

Avec de telles qualités, chez un peuple, il est impossible de ne pas voler à la victoire.

Je serais fort embarrassé s'il me fallait citer tous les beaux faits d'armes des Français; j'énumérerai seulement quelques-uns des plus marquants :

Bouvines, Marignan, Cérizoles, Rocroy, Denain, Fontenoy, Valmy, Jemmapes, Arcole, Rivoli, Marengo, Austerlitz, Iéna, Friedland, Wagram, la Moskowa, Mazagran, Isly, Sébastopol, Solférino, Belfort, Tuyen-Quan, Tannanarive.

Les hommes de guerre qui se sont illustrés par leurs brillants exploits sont aussi trop nombreux pour les indiquer tous. Souvenez-vous seulement des principaux :

Duguesclin, Dunois, Bayard, Henri IV, Condé, Turenne, Luxembourg, Catinat, Vendôme, Hoche, Marceau, Kléber, Bonaparte, Carnot, l'organisateur de la victoire, qui, en 1792, sauva la France envahie par tous les rois de l'Europe coalisée.

Rappelez-vous également le capitaine Lelièvre qui,

à Mazagran (1840), avec 143 soldats français, fit battre en retraite 15.000 Arabes; le colonel Denfert-Rochereau qui ne voulut pas rendre Belfort aux Prussiens et leur opposa une résistance héroïque; le commandant Tessier, à Bitche, et une foule d'autres braves qui ont fait flotter notre drapeau tricolore dans toutes les capitales de l'Europe.

Le courage civil compte aussi en France des hommes dont on doit connaître les noms :

François Debergue; les trois instituteurs de l'Aisne : Debordeaux, Poulette et Leroy; Chauvin, instituteur à Cussey-sur-l'Ognon (Doubs), tous fusillés par les Prussiens, sous de futiles prétextes, et beaucoup d'autres héros, sans omettre Mlle Dodu, Mlle Suzanne Didier, etc., dont vous connaissez les beaux actes de dévouement.

La France est grande aussi dans la science. « Aucun peuple, plus que le peuple français, n'a été tourmenté de l'ardente passion de savoir.

» Elle a produit des mathématiciens comme Descartes; des astronomes comme Leverrier et Arago; des physiciens comme Gay-Lussac et Ampère; des chimistes comme Lavoisier et M. Berthelot; des naturalistes comme Cuvier, Buffon et Pasteur, dont notre Franche-Comté est justement fière; des philosophes comme Pascal, Montesquieu, Jouffroy; des historiens comme Mignet, Michelet, Guizot, Thiers, etc., etc.

» Dans les arts, elle a eu des peintres remarquables, comme Le Sueur, le Poussin, David, Claude le Lorrain, etc. : des sculpteurs, Jean Goujon, Puget etc.; des musiciens, Boïeldieu, Hérold, et l'éminent M. Gounod, que l'Europe, comme la France, admire présentement : des écrivains illustres, comme Corneille, Racine, Voltaire, J.-J. Rousseau, Chateaubriand, Lamartine, Victor Hugo, etc. »

Aucun peuple, en Europe, ne peut citer autant d'illustrations.

La France n'a donc point dégénéré; elle est encore le flambeau de la civilisation; elle est le mobile qui porte chez les nations du monde, non le fer et la flamme, mais la liberté.

Ses Malheurs

A trois époques principales, l'ennemi a souillé notre sol national. La guerre de Cent Ans a vu l'Anglais maître de la France. Une héroïne, Jeanne d'Arc, a ranimé le courage des vaincus et a pu hâter la libération du territoire.

En 1792, les armées de l'Europe se sont abattues sur la France comme un vautour sur sa proie; mais nos généraux et nos conscrits imberbes* ont fait des prodiges de valeur.

En 1870, pendant la dernière guerre avec la Prusse, la France a eu la poignante humiliation de subir le joug terrible de l'envahisseur. Paris même a dû lui ouvrir ses portes. Ce spectacle serait bien fait pour nous décourager si nous n'avions confiance en l'avenir. Oui, nous avons confiance, mes amis, et c'est sur vous que nous comptons pour la réparation.

Un traître a livré notre pays aux Allemands, à qui on a cédé une partie de notre territoire et une rançon de cinq milliards. C'est une tache qui ne peut être lavée que dans le sang. Vous la laverez complètement, cette tache, petits Français, quand l'heure aura sonné.

En attendant, mes amis, suivez ce conseil du grand patriote Gambetta, parlant de la revanche : « Il faut s'y préparer toujours et n'en parler jamais. »

Ses Bienfaits

Vous devez toute votre reconnaissance à la Révolution de 1789 qui a proclamé l'*égalité* des droits civils et politiques, qui a aboli le *droit d'aînesse*, les *privilèges* de toute nature, les *redevances seigneuriales*, la *dîme* et autres impôts iniques* payés par la bourgeoisie ou les paysans.

« L'idée de justice, sortie de la Constituante, ne s'est point arrêtée à nos frontières. » Elle a porté dans toute l'Europe, et même dans d'autres parties du monde connu, les bienfaits de la *liberté* et de l'*égalité*, qui sont pour la France un nouveau titre de gloire.

Réflexions. — « La force nous sépare, pour un temps seulement, de l'Alsace, berceau traditionnel du patriotisme français... Que nos frères se consolent en pensant que la France, désormais, ne saurait avoir d'autre politique que leur délivrance ; pour atteindre ce résultat, il faut que **tous les Français oublient leurs divisions et s'unissent** étroitement dans la pensée patriotique d'une **Revanche** qui sera *la protestation du droit et de la justice* contre la force et l'infamie. »

Léon GAMBETTA.

Maxime. — Les enfants d'une même patrie doivent s'aimer comme les enfants d'une même mère.

LEXIQUE

Monotone . . . Qui est sur le même ton, qui manque de variété.
Magnanerie. . Lieu où l'on élève les vers à soie.
Inaccessible . Où l'on ne peut avoir d'accès, d'entrée.
Imberbe. . . . Qui n'a pas de barbe ; très jeune homme.
Inique. . . . . Injuste à l'excès.

LA FRANCE : SES MALHEURS

La France, depuis la Réforme, a été tour à tour, pour tous les peuples de l'Europe, le guide, l'initiateur* et le martyr. C'est de son sang, de son dévouement, de ses sacrifices et de ses servitudes, qu'ont été faites la gloire, l'émancipation et la liberté des autres peuples.

« Eh bien ! il faut réfléchir quand on parle du patriotisme de la France. La France sera d'autant plus attrayante qu'elle ne sera régie que par la loi, qu'elle sera aux mains de tous les citoyens et non plus aux mains et soumise aux caprices d'un seul.

» Ah ! oui, la France glorieuse et replacée sous l'égide* de la République, à la tête du monde, groupant sous ses ailes tous ses enfants désormais unis pour la défendre au nom d'un seul principe et présentant au monde des légions d'artistes, d'ouvriers, de bourgeois et de paysans ; ah ! oui, il est bon de faire partie d'une France pareille et il n'est pas un homme qui alors ne se glorifiât de dire à son tour : « Je suis citoyen français. »

» Mais il n'y a pas que cette France glorieuse, que cette France révolutionnaire, que cette France émancipatrice et initiatrice du genre humain, que cette France d'une activité merveilleuse et, comme on l'a dit, que cette France nourrie des idées générales du monde; il y a une autre France que je n'aime pas moins, une autre France qui m'est encore plus chère, c'est la France misérable, c'est la France vaincue et humiliée, c'est la France qui est accablée, c'est la France qui traîne son boulet depuis quatorze siècles, la France qui crie suppliante vers la justice et vers la liberté, la France que les despotes* poussent constamment sur les champs de bataille, sous prétexte de liberté, pour lui faire verser son sang par toutes les artères et par toutes les veines; la France que, dans sa défaite, on calomnie, que l'on outrage; oh! c'est à celle-là qu'il faut faire le sacrifice de sa vie, de son amour-propre et de ses jouissances égoïstes; c'est de celle-là qu'il faut dire : « Là où est la France, là est la » patrie! »

Léon GAMBETTA.

Réflexions. — La patrie est la terre de *nos pères*. Elle renferme dans son sein les cendres de tous nos aïeux; c'est un lieu sacré que nous devons *aimer*, *respecter* et *défendre, s'il le faut, au prix de notre sang*. Maintenons intactes les libertés qu'ils ont conquises en donnant leur vie pour améliorer notre sort.

Maxime

Mourir pour la patrie,
C'est le sort le plus beau,
Le plus digne d'envie.

LEXIQUE

Initiateur. . . Le commencement du progrès, de la civilisation.
Egide . . . . . Ce qui protège.
Despote. . . . Celui qui gouverne arbitrairement.

EXERCICES ORAUX ET ÉCRITS

1. Qu'appelle-t-on la patrie? Que doit faire un bon citoyen pour bien la servir?
2. Connaissez-vous, dans l'histoire, des jours malheureux et des jours heureux pour la France? Citez-les avec quelques petits détails.
3. La France peut-elle périr? Appuyez votre réponse sur des faits historiques.

Programme : *Obéissance aux lois*

LE BRACONNIER* ET LE GENDARME

Quel triste et terrible défaut que celui du braconnage* ! Il peut avoir pour celui qui s'y livre les conséquences les plus funestes. Le braconnier paie souvent bien cher les quelques pièces de gibier qu'il se procure en se livrant à ce dangereux exercice. D'abord, comme il ne peut exercer sa coupable industrie que la nuit, il ne jouit pas du repos qui est nécessaire à chaque individu. Le lendemain, il ne travaille pas, ou il travaille mal et amène ainsi peu à peu la gène dans sa famille. En outre, il peut être surpris par les gendarmes ou les gardes, et alors c'est l'amende et la prison qui l'attendent. Quelquefois même, afin d'éviter une condamnation bien méritée par sa désobéissance à la loi, le braconnier entre en lutte avec la force armée*, et cette lutte, souvent, le pousse à commettre un homicide*.

De simple voleur qu'il était, il devient alors assassin. C'est ce que prouve le fait suivant :

***

Un jeune cultivateur, nommé Lucien, se livrait fréquemment au braconnage sans songer aux suites que pourrait avoir sa funeste passion. Dès les deux heures du matin, quelquefois plus tôt, il quittait sa demeure et, dissimulant* son fusil sous sa blouse, se rendait dans la forêt voisine. Là, perché sur un arbre, il attendai immobile, que quelque lièvre vînt à passer. Un beau matin, Lucien fut surpris par deux gendarmes. Pensant ne pas être reconnu, il prit la fuite ; mais les représentants de la loi firent leur devoir et s'élancèrent résolument à sa poursuite. L'un d'eux ne tarda pas à le rejoindre.

Une lutte corps à corps s'engage entre ces deux hommes. Fou de terreur, Lucien ne se connaît plus et frappe son adversaire à coups de crosse de fusil. Dans la bagarre* une détonation se fait entendre, le malheureux gendarme tombe grièvement blessé à la poitrine.

Le lendemain, Lucien est mis en état d'arrestation. On instruit l'affaire et la cour d'assises, qui siège chaque trimestre au chef-lieu du département, le condamne à cinq ans de travaux forcés.... Sa peine achevée, Lucien revient au village; mais il a perdu toute considération. A peine lui adresse-t-on la parole. Il n'est plus admis dans aucune réunion. C'est comme un exilé au milieu de ses compatriotes.

Il a payé bien cher les quelques lièvres que sa gourmandise et sa désobéissance aux lois lui ont procurés! Puisse cet exemple frappant servir de leçon à tous ceux qui sont tentés de désobéir aux lois.

Réflexions. — Les mauvaises habitudes conduisent souvent au *crime*. Le *citoyen* qui veut rester *honnête* évite toute *contravention* et tout *délit* en obéissant aux *arrêtés* et *aux lois*. Le *mauvais sujet* n'écoute que ses passions : S'il se trouve en présence de la force publique, il recourt même au crime pour éviter le châtiment que mérite sa révolte contre les lois. Tôt ou tard il est découvert et paie sa faute en donnant son honneur et quelquefois sa vie.

Maxime. — Le peuple français doit, plus que tout autre, respecter les lois faites par ses représentants.

LEXIQUE

Braconnier	Celui qui chasse sans autorisation.
Braconnage.	Action de chasser sans permis.
Force armée	Soldats chargés de faire respecter les lois.
Homicide	Action de tuer son semblable.
Dissimulant	Cachant soigneusement.
Bagarre.	Tumulte, querelle.

OBÉISSANCE AUX LOIS

La loi, en général, est une règle de conduite imposée par une autorité à laquelle on est tenu d'obéir.

Les lois, quelle que soit leur origine, ont toutes le même but, c'est-à-dire le plus *grand bien-être des hommes* réunis en société.

La loi, a dit Montesquieu, n'est que la raison, en tant qu'elle gouverne tous les peuples de la terre, et les lois particulières à chaque peuple ne sont que des cas auxquels s'applique cette raison.

Supposez une terre où n'existerait qu'un seul être de l'espèce humaine : sur cette terre il n'y aurait pas besoin de lois; je veux parler de lois d'origine humaine, c'est-à-dire conventionnelles, attendu que la volonté de cet homme unique tiendrait lieu de loi à tout ce qui l'entoure.

Au contraire, la nécessité d'une loi conventionnelle s'impose dès que deux individus de l'espèce humaine habitent sur la même terre. Il faut évidemment que ces deux êtres semblables conviennent d'une règle commune pour vivre, autrement le plus faible finirait par être asservi* au plus fort et réduit à la condition des animaux. Le moins qu'ils puissent faire alors c'est de convenir qu'ils n'attenteront* pas à la vie l'un de l'autre et que chacun restera possesseur du sol qui le nourrit, du toit sous lequel il s'abrite. Sans doute, il y a eu, dès l'origine, des exceptions à cette règle et il y en a même encore de nos jours. Mais il a suffi qu'un certain nombre d'êtres humains reconnussent cette nécessité pour que l'espèce puisse se perpétuer et vivre à l'état de famille, c'est-à-dire de société ou de réunion d'hommes vivant en corps de nation sous l'autorité des mêmes lois. Telle est l'origine de la loi humaine ou conventionnelle. On la retrouve chez les nations les plus barbares, les plus sauvages, où elle n'est souvent qu'une coutume, mais une coutume qui fait loi.

Dans nos sociétés civilisées, la loi prend des formes diverses. Elle est *communale* ou *générale*, suivant qu'elle est applicable en particulier aux habitants d'une *commune spéciale* ou à *tous les membres d'une nation*.

Quelle qu'elle soit, la loi, communale, générale ou politique, est obligatoire pour tous les citoyens, qui doivent s'incliner devant les actes de l'autorité, à moins, toutefois, que ces actes soient entachés d'illégalité, auquel cas l'on n'est pas tenu de s'y soumettre.

Nous savons qu'il existe, depuis quelque temps surtout, une école de prétendus hommes politiques qui soutiennent qu'il ne faut pas de gouvernement, c'est-à-dire pas de lois. Les partisans de cette doctrine se donnent le nom d'*Anarchistes*, mot qui vient d'une expression grecque signifiant : absence de gouvernement.

Le jour où il n'y aurait plus de lois, et par conséquent plus d'agents pour les faire respecter, plus de magistrats pour les appliquer, le monde reviendrait véritablement à la barbarie. Les plus forts et les plus violents opprimeraient* les plus faibles : nul ne serait certain du lendemain. Si chacun n'était pas maître de son bien, de son patrimoine, du champ que nous a légué notre père ou que nous avons acquis par notre travail, — et c'est la loi qui nous en donne la paisible possession, — si nous n'étions pas certains de pouvoir transmettre à nos enfants ce que nous avons gagné péniblement, — et c'est encore la loi qui leur en assure la transmission, — personne ne prendrait plus la peine de travailler pour accroître son bien-être et celui des siens.

Tout citoyen doit donc obéissance à la loi et a intérêt à lui obéir, puisque la loi garantit tous ses droits, punit toutes les fautes, si elle est impuissante à les prévenir*, lui assure la liberté de sa personne, de son travail, de ses convictions politiques, religieuses, en même temps que le droit de les exprimer librement.

Obéissez donc à la loi; elle est imparfaite sans doute, parce qu'il n'est pas donné à l'homme d'atteindre la perfection ; mais, si imparfaite qu'elle soit, elle est encore la meilleure et même l'unique garantie de vos libertés et de votre existence.

G. BERNARD.

Réflexions. — La loi est l'expression de la volonté générale. En France, elle est faite par le Sénat et la Chambre des députés qui constituent le Parlement. Elle est exécutoire après sa promulgation* par le Président de la République.

Maxime. — Les lois ressemblent aux habits : elles gênent un peu, mais elles préservent.

LEXIQUE

Asservir . . . Réduire à une dépendance extrême.
Attenter . . . Faire une entreprise criminelle contre quelqu'un.
Opprimer. . . Accabler par la violence ou l'abus de l'autorité.
Prévenir . . . Empêcher de venir.
Promulgation. Publication officielle d'une loi.

EXERCICES ORAUX ET ÉCRITS

1. Par qui la loi est-elle votée? Y a-t-il obligation d'obéir à la loi?
2. Quand une loi semble contraire aux intérêts du plus grand nombre, peut-on la violer? Que faire, alors?
3. La loi doit-elle être la même pour tous? Quelles peines doit-elle établir?

Programme : *Service militaire. — Discipline. — Fidélité au drapeau*

LE SOLDAT

Toi qui, de si leste façon,
Mets ton fusil de bois en joue,
Un jour tu feras tout de bon
Ce dur métier que l'enfant joue.

Il faudra courir sac au dos,
Porter plus lourd que ces gros livres,
Faire étape avec des fardeaux,
Cent cartouches, trois jours de vivres.

Soleil d'été, brises d'hiver
Mordront sur cette peau vermeille;
Les balles de plomb et de fer
Te siffleront à chaque oreille.

Tu seras soldat, cher petit.
Tu sais, mon enfant, si je t'aime:
Mais ton père t'en avertit,
C'est lui qui t'armera lui-même.

Quand le tambour battra demain,
Que ton âme soit aguerrie :
Car j'irai t'offrir, de ma main,
A notre mère, la Patrie!

Tu vis dans toutes les douceurs,
Tu connais les amours sincères,
Tu chéris tendrement tes sœurs,
Ton père, et ta mère, et tes frères.

Sois fils et frère jusqu'au bout ;
Sois ma joie et mon espérance ;
Mais souviens-toi bien qu'avant tout,
Mon fils, il faut aimer la France.

V. DE LAPRADE

LE LIEUTENANT ANTOINE DE VESIN

C'était à la bataille de Gravelotte*, le lieutenant Antoine de Vesin commandait la compagnie, son capitaine remplissant les fonctions de major. Antoine s'avance vers l'ennemi, la tete haute, le front joyeux : « Lieutenant, crient ses hommes, prenez garde, on vous vise. » Mais lui, souriant au danger et brandissant* son sabre, commanda : « En avant ! » A peine eut-il fait quelques pas au milieu de la mitraille que, frappé d'une balle au côté gauche, il tomba dans les bras de son sergent-major. « Lorsque nous l'eûmes posé à terre, hors des rangs, raconta plus tard ce dernier, il nous dit : « Allez reprendre votre place de bataille et veillez à ce que les hommes marchent bien au feu et qu'ils se conduisent en Français comme si j'étais là. »

On insistait pour rester près de lui : « Laissez-moi, dit-il, ne perdez pas votre temps à me porter à l'ambulance*. Vous direz à mon père et à ma mère que leur fils est mort en soldat et en chrétien. » Il cherchait à se retourner sur le côté lorsqu'un éclat d'obus vint lui broyer la jambe droite. « Tournez-moi du côté du combat, dit-il, afin que je sache si nous sommes victorieux. » Jusque dans les bras de la mort, l'amour de la patrie dominait ses souffrances.

THIERS.

Réflexions. — Le soldat qui meurt sur le champ de bataille a un sort digne d'envie : son nom est inscrit sur le livre d'or de la Patrie ; sa mort est celle d'un héros, et son nom passera à la postérité.

Maxime. — Nous aimons nos parents, nos enfants, nos proches, nos amis ; la patrie résume, en elle seule, toutes nos affections.

LEXIQUE

Gravelotte	Village de la Moselle où se livra une sanglante bataille, le 16 août 1870.
Brandissant son sabre.	Agitant violemment son sabre.
Ambulance	Sorte d'hôpital qui accompagne une armée.

HOMMAGE A L'ARMÉE

Officiers, sous-officiers et soldats, qui représentez l'armée française à cette solennité !

Le gouvernement de la République est heureux de se trouver en présence de cette armée vraiment nationale que la France forme de la meilleure partie d'elle-même, lui donnant toute sa jeunesse, c'est-à-dire ce qu'elle

Le drapeau est l'emblème de la patrie : respect au drapeau

a de plus cher, de plus généreux, de plus vaillant, la pénétrant ainsi de son esprit et de ses sentiments, l'animant de son âme et recevant d'elle en retour ses fils élevée à la virile école de la discipline militaire d'où ls apportent dans la vie civile le respect de l'autorité, e sentiment du devoir, l'esprit de dévouement, avec cette fleur d'honneur et de patriotisme et ces mâles ertus du métier des armes, si propres à faire des iommes et des citoyens.

Si rien n'a coûté au pays pour relever son armée, rien n'a coûté à l'armée pour seconder les efforts du pays, et, par l'application au travail, par l'étude, par l'instruction, par la discipline, elle est devenue pour la France une garantie du respect qui lui est dû et de la paix qu'elle veut conserver. Je vous en félicite et je vous en remercie.

C'est dans ces sentiments que le gouvernement de la République va vous remettre ces drapeaux. Recevez-les comme un gage de sa profonde sympathie pour l'armée, recevez-les comme les témoins de votre bravoure, de votre fidélité au devoir, de votre dévouement à la France, qui vous confie, avec ces nobles insignes, la défense de son honneur, de son territoire et de ses lois.

(Discours du 14 juillet 1880.) Jules GRÉVY.

Réflexions. — Le soldat est chargé, par la société, de défendre son drapeau. Honte à celui qui serait lâche ou traître et fuirait lorsqu'il est en danger, car le drapeau est l'emblème de la Patrie.

Maxime. — Sans discipline, il n'y a pas d'armée.

FIDÉLITÉ AU DRAPEAU

Hornus ou le 23e porte-drapeau dans une seule journée

Le régiment était en bataille sur un talus de chemin de fer et servait de cible à toute l'armée prussienne massée en face, sous le bois. On se fusillait à quatre-vingts mètres. Les officiers criaient : « Couchez-vous ! » Mais personne ne voulait obéir, et le fier régiment restait debout, groupé autour de son drapeau. Dans ce grand horizon de soleil couchant, des blés en épis, de pâturages, cette masse d'hommes, tourmentée, enveloppée d'une fumée confuse, avait l'air d'un troupeau surpris en rase campagne dans le premier tourbillon d'un orage formidable...

C'est qu'il en pleuvait du fer sur ce talus! On n'entendait que le crépitement* de la fusillade, le bruit sourd des gamelles roulant dans le fossé et les balles qui vibraient longuement d'un bout à l'autre du champ de bataille, comme les cordes tendues d'un instrument sinistre et retentissant. De temps en temps, le drapeau, qui se dressait au-dessus des tetes, agité au vent de la mitraille, sombrait dans la fumée; alors une voix s'élevait grave et fière, dominant la fusillade, les râles, les jurons des blessés: « Au drapeau! mes enfants, au drapeau! » Aussitôt un officier s'élançait, vague comme une ombre dans le brouillard rouge, et l'héroïque enseigne, redevenue vivante, planait encore au-dessus de la bataille.

Vingt-deux fois, elle tomba!... vingt-deux fois sa hampe* encore tiède, échappée à une main mourante, fut saisie, redressée; et, lorsqu'au soleil couché, ce qui restait du régiment, — à peine une poignée d'hommes, — battit lentement en retraite, le drapeau n'était plus qu'une guenille aux mains du sergent Hornus, le vingt-troisième porte-drapeau de la journée.

Ce sergent Hornus était une vieille bête à trois brisques, qui savait à peine signer son nom et avait mis vingt ans à gagner ses galons de sous-officier. Toutes les misères de l'enfant trouvé, tout l'abrutissement de la caserne, se voyaient dans ce front bas et buté, ce dos voûté par le sac, cette allure inconsciente du troupier dans le rang. Avec cela, il était un peu bègue; mais, pour être un porte-drapeau, on n'a pas besoin d'éloquence. Le soir même de la bataille son colonel lui dit : « Tu as le drapeau, mon brave, eh bien! garde-le. » Et sur sa pauvre capote de campagne, déjà toute passée à la pluie et au feu, la cantinière surfila* tout de suite un liséré * d'or de lieutenant.

Ce fut le seul orgueil de cette vie d'humilité. Du coup la taille du vieux troupier se redressa. Ce pauvre être, habitué à marcher courbé, les yeux à terre, eut désormais une figure fière, le regard toujours levé pour voir flotter ce lambeau d'étoffe et le maintenir bien droit, bien haut, au-dessus de la mort, de la trahison, de la déroute.

Vous n'avez jamais vu d'homme si heureux qu'Hornus les jours de bataille, lorsqu'il tenait sa hampe à deux mains, bien affermie dans son étui de cuir. Il ne parlait pas, il ne bougeait pas : sérieux comme un prêtre, on aurait dit qu'il tenait quelque chose de sacré. Toute sa vie, toute sa force étaient dans ses doigts crispés autour de ce beau haillon doré sur lequel se ruaient les balles et dans ses yeux pleins de défi, qui regardaient les Prussiens bien en face, d'un air de dire : « Essayez donc de venir me le prendre ! »

Personne ne l'essaya, pas même la mort. Après Borny, après Gravelotte les batailles les plus meurtrières, le drapeau s'en allait de partout, haché, troué, transparent de blessures, mais c'était toujours le vieil Hornus qui le portait.

ALPHONSE DAUDET.

Réflexions. — Le drapeau du régiment est quelque chose de sacré : on le brûle plutôt que de le laisser profaner par l'ennemi victorieux.

Maxime. — Mourir pour sauver son drapeau, est un sort aussi doux que glorieux.

LEXIQUE

Crépitement . Pétiller comme les flammes dans un incendie.
Hampe . . . . Bois du drapeau.
Surfiler. . . . Néologisme signifiant passer un fil sur un vêtement.
Liséré. . . . . Ruban fort étroit dont on borde une étoffe, un habit.

EXERCICES ORAUX ET ÉCRITS

1. Que deviendrait une armée sans discipline? — Souvenirs de Crécy, de Poitiers, d'Azincourt ou de la Mansourah.
2. L'histoire cite plusieurs femmes qui ont défendu la patrie. Nommez-en quelques-unes.
3. Citez quelques soldats courageux qui ont donné leur vie pour sauver leur drapeau, et justifiez leur conduite.

PROGRAMME : *Dévouement à la Patrie*

MORTS POUR LA PATRIE

Ceux qui, pieusement, sont morts pour la Patrie,
Ont droit qu'à leur cercueil la foule vienne et prie.
Entre les plus beaux noms, leur nom est le plus beau.
Toute gloire, près d'eux, passe et tombe éphémère*.
Et comme ferait une mère,
La voix d'un peuple entier les berce en leur tombeau.

Gloire à notre France éternelle !
Gloire à ceux qui sont morts pour elle,
Aux martyrs ! aux vaillants ! aux forts !
A ceux qu'enflamme leur exemple,
Qui veulent place dans le temple,
Et qui mourront comme ils sont morts.

Ainsi, quand de tels morts sont couchés dans la tombe,
En vain l'oubli, nuit sombre où va tout ce qui tombe,
Passe sur leur sépulcre* où nous nous inclinons.
Chaque jour, pour eux seuls, se levant plus fidèle,
La gloire, aube toujours nouvelle,
Fait reluire leur mémoire et redore leurs noms.

Gloire à notre France éternelle !
Gloire à ceux qui sont morts pour elle !
Aux martyrs ! aux vaillants ! aux forts !
A ceux qu'enflamme leur exemple,
Qui veulent place dans le temple,
Et qui mourront comme ils sont morts.

VICTOR HUGO.

Réflexions. — Nous nous devons, avant tout, à la patrie comme un enfant se doit à ses parents. Il n'y a pas de gloire plus belle que celle d'un soldat ou d'un citoyen qui meurt pour sa patrie.

Maxime. — Le sang ne coûte rien qui nous vaut la victoire.

LEXIQUE

Ephémère. . . Qui dure peu de temps.
Sépulcre . . . Tombeau.

LE SERGENT BOBILLOT

Jules Bobillot est né à Paris en 1860; à vingt ans, après avoir fait de bonnes études, il s'engagea dans le 4e régiment d'artillerie et, pressé de combattre pour son pays, il demanda à être envoyé au Tonkin. Devenu sergent, il fut expédié, avec un très petit nombre d'hommes, pour renforcer la garnison de Tuyen-Quan.

Cette petite place forte, à peine défendue, manquant de vivres et de munitions, lutta pendant plus d'un mois contre une armée de dix mille Chinois, pourvus d'artillerie et d'excellents fusils.

Outre un courage et une intelligence qu'on ne saurait trop admirer, le sergent Bobillot fit preuve d'un réel talent militaire : tous les travaux de défense furent exécutés par ce brave soldat qui réussit à repousser trois fois les assauts* de l'ennemi.

Mais, malgré l'héroïsme du chef et l'admirable conduite des soldats, l'armée de secours n'étant pas arrivée, la citadelle* fut serrée de plus près : il fallut combattre corps à corps avec les Pavillons-Noirs; c'est dans un de ces terribles combats que, après des prodiges de valeur, le défenseur de Tuyen-Quan fut mortellement blessé.

Avant de mourir, il eut le suprême bonheur de recevoir du lieutenant-colonel Dominé la croix de la Légion d'honneur et, le 15 juillet 1888, ses compatriotes lui ont témoigné leur admiration et leurs regrets en lui élevant un monument sur le boulevard* Voltaire, à Paris.

Réflexions. — Le vrai soldat méprise la faim, la soif, la fatigue, les blessures et même la mort, pour voler à la défense de son drapeau.

Maxime. — Servir sa patrie par amour pour elle, c'est se trouver suffisamment récompensé lorsqu'on l'a servie.

LEXIQUE

Assaut . . . . Attaque pour emporter une place de guerre.
Citadelle . . . Forteresse qui commande une ville.
Boulevard . . Promenade plantée d'arbres autour d'une ville ou à l'intérieur.

LE CUIRASSIER DE FRESCHWILLER

C'était un peu avant cette charge, devenue justement légendaire*, qui devait donner à cette douloureuse journée un éclat presque égal à celui d'une victoire. Deux escadrons de cuirassiers se tenaient massés dans un pli de terrain, en face de l'église en flammes de Freschwiller. Comme nous passions sur leur front, un obus s'abattit en sifflant et éclata au milieu des cavaliers. Il y eut un froissement de ferraille, un effarement* de chevaux, un vide qui se combla, et ce fut tout. Plus tard, quand l'heure de la retraite sonna, le hasard nous ramena au même endroit. Les escadrons n'étaient plus là, mais un groupe sanglant gisait étendu : un cheval éventré, un cuirassier, une jambe broyée, l'autre engagée sous le cadavre de son cheval, mais vivant encore. Il se tenait appuyé sur un coude, suivant tristement du regard ce maréchal pensif et cet état-major soucieux qui passaient lentement près de lui, sans même le voir, résigné, n'espérant aucun secours, ne proférant aucune plainte. J'ai vu bien des blessés, mais la figure pâle et presque imberbe* de ce grand garçon aux yeux doux ne m'est jamais sortie de la mémoire. Elle y est restée comme une des images les plus touchantes des victoires que l'accomplissement du devoir sème derrière lui. Quels droits n'ont-ils pas à notre admiration et à notre compassion ces pauvres gens, héros obscurs qui meurent seuls au coin d'un champ, sans même avoir cette suprême consolation que le sacrifice de leur vie ne sera pas perdu pour leur pays ! Quant à ceux qui tombent dans l'enivrement* de la victoire et dont le dernier regard peut s'attacher sur le drapeau marchant fièrement en avant, ceux-là on ne doit pas les plaindre... il faut les envier !

Colonel Ch. CORBIN.

Maxime. — Tout pour la patrie.

LES INSTITUTEURS PATRIOTES

Debordeaux était instituteur à Pasly (Aisne) — il avait 27 ans — quand nos régions furent envahies. Les Prussiens voulaient traverser l'Aisne : il souleva les paysans des environs de Soissons, et, à leur tête, il réussit à repousser une première attaque. Il ne fut pas soutenu ; l'ennemi cerna Pasly, et Debordeaux, dénoncé comme l'âme de la résistance, fut arrêté... Accablé d'injures, souffleté par le major de Krohn, frappé du poing et du pied par toute la troupe allemande, ce

citoyen, coupable d'avoir défendu sa patrie, devait expier un tel crime par la mort. On le fusilla donc, mais avec quel raffinement de cruauté ! Se servant de son corps comme d'une cible, les Prussiens tirèrent sur lui l'un après l'autre. Le malheureux, renversé d'une première balle se releva ; il essaya de fuir : un second coup de feu le rejeta à terre, il se dressa encore ; mais bientôt il retombait pour toujours.

On abandonna le cadavre mutilé, et ce ne fut que le lendemain que ses compatriotes osèrent lui donner la sépulture.

Ce premier exploit accompli, les Prussiens tournèrent

leur fureur contre l'instituteur Poulette, de Vauxrezis. Poulette, âgé de 30 ans, avait été le second de Debordeaux ; dans sa commune, il avait organisé la garde nationale, mais en ayant soin de détruire la liste des patriotes qu'il avait rassemblés.

Par malheur, un misérable, le garde-champêtre Poittevin (exécuté en 1872 pour ce forfait), avait pris copie de la liste : il la livra, et Poulette, saisi et solidement garrotté, subit les pires brutalités, pendant que ses bourreaux obligeaient sa femme à préparer leur repas.

Krohn, d'ailleurs, ne tarda pas à prononcer la sentence : c'était la mort... Poulette fut exécuté sur le bord d'une fosse creusée d'avance, et à l'ombre du drapeau des ambulances internationales, traîtreusement arboré dans les environs. Détail horrible ! L'infortuné fut en réalite fusillé trois fois : les soldats Prussiens lui envoyèrent d'abord toutes leurs balles dans les jambes... En tombant, Poulette poussa des cris déchirants ; Krohn alors commanda le feu en pleine poitrine. Ce ne fut pas assez : Poulette gémissait encore. On l'acheva à bout portant du « coup de grâce » qui lui fracassa la tete. Et ce sont des otages français qui durent enterrer ce Français et piétiner le sol qui recouvrait ses restes glorieux.

La troisième victime fut l'instituteur Leroy, de Vendières. Leroy avait 25 ans : il venait de se marier. Désigné faussement comme le chef d'une compagnie de francs-tireurs qui aidait au ravitaillement de Paris, il fut arraché de sa classe... On le fit marcher à coups de pieds et à coups de crosses ; puis on le jeta dans un chariot pour le conduire à Châlons.

« Viens, mon amie, dit-il à sa jeune femme dont la douleur était navrante, viens m'embrasser encore une fois ; je crains de ne plus te revoir. » Son pressentiment ne le trompait pas...

A Dormans, le convoi fait halte ; le commandant de place s'élance furieux : « Combien as-tu d'élèves ? crie-t-il à Leroy. — Soixante. — Soixante brigands, soixante canailles ! » — Puis lui tirant la barbe : « Voilà un instituteur de cette grande nation, la plus civilisée de l'Europe ! » — Et, sans doute pour prouver la supériorité de la civilisation allemande, il crache au visage d'un homme dont les membres étaient enchaînés.

Leroy, après un jugement inique, fut condamné à mort. — « Venez, criait-il pendant le trajet de la prison au lieu de l'exécution, venez voir, habitants de Châlons, comment meurt un Français innocent ! » Et, devant les fusils, jusqu'au dernier moment, il tint la main droite levée comme pour protester de son innocence

Telle est, dans sa douloureuse simplicité, l'histoire du martyre de trois des meilleurs enfants de la France. On ne saurait la retracer sans larmes ; vous ne la lirez pas, enfants, sans un frémissement d'indignation et d'immense pitié.

LEXIQUE

Légendaire . . Qui est passé dans la tradition.
Effarement . . Trouble, effroi.
Imberbe. . . . Qui n'a pas de barbe.
Enivrement. . Transport, ivresse.

EXERCICES ORAUX ET ÉCRITS

1. Rappelez la vie du sergent Bobillot, et montrez qu'il est un modèle de dévouement patriotique.
2. Un bon Français souffre, sans se plaindre, les plus vives douleurs, par amour pour la patrie : citez l'exemple du cuirassier de Freschwiller.
3. Commentez cette expression : « La balle dans le dos tue aussi bien qu'au ventre, » et dites ce qu'elle signifie. Concluez.

Programme : *L'impôt*

LA FRAUDE EN MATIÈRE D'IMPOT

Combien de braves gens n'hésitent pas à frustrer * le Trésor public par de fausses déclarations de ventes, de baux, sous prétexte que l'Etat n'est pas quelqu'un !

Mais c'est bien plus que quelqu'un, c'est tout le monde, et tout le monde représentant ce qu'il y a de plus sacré dans la société, la loi. N'importe, on commet allègrement* cette fraude, quoiqu'elle soit aggravée d'un mensonge, et souvent d'un mensonge signé.

Je ne puis me rappeler, à ce sujet, sans en rire et sans en être touché, le trait caractéristique d'un de mes plus chers amis. Il porte dans toutes les choses de la vie, et surtout dans les questions d'argent, une inflexibilité de principes, un absolu dans la probité, une délicatesse allant jusqu'au chevaleresque*, qui lui ont valu dans le monde le surnom de don Quichotte*. Or donc, X... revenait de Belgique avec sa belle-mère. La brave dame avait acheté à Malines* de fort belles dentelles et les avait adroitement cachées dans ses malles, au milieu de ses robes. A la frontière, son gendre lui dit : « N'oubliez pas de déclarer vos dentelles... — Par exemple! il me faudrait payer des droits énormes. — Mais ces droits, vous les devez. — Je les dois! à qui? Pourquoi? — Parce qu'il y a une loi sur l'importation* qui frappe d'un impôt... — Est-ce que c'est moi qui l'ai faite, cette loi? Est-ce qu'on m'a demandé mon avis pour la faire? Je la trouve absurde, moi, cette loi, je la trouve inique*, oppressive... et je ne comprends pas qu'un libéral comme vous approuve une telle tyrannie. J'y échappe; c'est mon droit. — Mais c'est de la contrebande*..., et la contrebande est une fraude. — Assez, reprit-elle assez sèchement. Vous n'avez pas la prétention, j'imagine, de m'apprendre ce que j'ai à faire. Donc, taisez-vous. »

Il se tut, mais quand on en vint à l'examen des malles et que le douanier* demanda aux voyageurs s'ils n'avaient rien à déclarer, mon ami, avec le calme qui lui est propre, répondit : « Oui, monsieur; madame a ici des dentelles qui, je crois, doivent payer à l'entrée. »

La fureur de la dame, vous vous l'imaginez. Elle ne pouvait rien dire, le douanier était là; il lui fallut ouvrir ses malles, dérouler ses bandes de Malines et payer un droit qui lui parut exorbitant*. A chaque pièce de dentelle qu'elle montrait et à chaque somme d'argent qu'elle tirait, elle lançait à son gendre des regards furibonds* et des imprécations sourdes, qu'il essuyait avec un flegme* imperturbable. Mais l'histoire eut un dénouement bien imprévu. La vue de l'honnêteté a un tel ascendant*, même sur ceux qu'elle condamne ou irrite que, la visite finie et les deux voyageurs restés seuls, la belle-mère de mon ami se retourna vers lui, et, après un moment de silence, lui sautait au cou : « Mon gendre, vous êtes un brave homme, il faut que je vous embrasse. »

ERNEST LEGOUVÉ.

Réflexions. — L'impôt est une chose juste et nécessaire. S'y soustraire, c'est faire preuve de mauvais citoyen; c'est voler tout le monde. « Pour l'entretien de la force publique, et pour les dépenses d'administration, une contribution commune est indispensable; elle doit être répartie également entre tous les citoyens en raison de leurs facultés. »

Maxime. — Contrebandiers et voleurs peuvent se donner la main.

LEXIQUE

Frustrer . . .	Priver de son droit, tromper.
Allègrement .	D'une manière allègre, c'est-à-dire joyeuse, gaie.
Chevaleresque	Noble, généreuse, digne d'un chevalier.
Don Quichotte	Héros d'un roman espagnol, redresseur de torts.
Malines	Ville de Belgique, dentelles renommées.
Importation .	Action d'importer, d'introduire dans un pays des produits du dehors.
Inique	Injuste à l'excès.
Contrebande .	Introduction en fraude de marchandises prohibées ou soumises à des droits.
Douanier . . .	Préposé de la douane chargé de percevoir les droits sur les produits importés ou exportés.
Exorbitant . .	Qui dépasse la juste mesure.
Furibond . . .	Furieux, qui se livre à la fureur.
Flegme . . .	Qualité d'un caractère froid, lent à s'émouvoir.
Ascendant . .	Influence, autorité morale.

L'IMPOT. — LE DEVOIR DE LE PAYER

Il n'existe pas dans la société qu'un seul genre de travail, celui qui consiste à cultiver la terre, à tisser des fils, à faire de ces fils des étoffes propres au vêtement, à construire des habitations, en un mot, à nourrir, à vêtir, à loger l'homme.

Il y a un second genre de travail non moins indispensable, c'est celui qui consiste à protéger le premier, à protéger le laboureur, le manufacturier, le constructeur. Le soldat qui porte les armes, le magistrat qui juge, l'administrateur qui organise tous ces services travaillent aussi utilement que celui qui a fait naître le blé, qui confectionne des tissus, qui construit des maisons. De même que le laboureur produit du grain pour celui qui tisse, et réciproquement, l'un et l'autre doivent labourer et tisser pour celui qui monte la garde, applique les lois ou administre le pays.

Ils lui doivent une partie de leur travail en échange de la protection qu'il leur donne.

THIERS.

Réflexions. — L'impôt est une chose juste et utile; il est fondé sur la nécessité d'entretenir le bien-être, la dignité, la sûreté d'un pays. Il prend diverses formes : contributions directes, contributions indirectes, douanes, octroi, patentes, etc., mais tout citoyen doit avoir à honneur de le payer. Le fraudeur est toujours puni tôt ou tard.

Maxime. — Voler l'Etat est une aussi mauvaise action que de voler un particulier.

L'IMPOT

L'Etat protège nos biens et nos personnes; il assure la paix au dehors par l'armée, au dedans par les magistrats et la police; il forme des professeurs et des instituteurs pour nous instruire ; il entretient et multiplie les routes, les canaux, les ports de mer; il nous fait communiquer rapidement et sûrement d'un bout à l'autre du pays par les postes et les télégraphes; il nous rend en un mot d'innombrables services. Mais il est juste que tout service se paye. Il faut de l'argent, beaucoup d'argent pour tous ces grands travaux, pour tous ces employés. De là le devoir de payer l'impôt.

Maxime. — L'impôt est une dette sacrée que chacun doit payer.

L'IMPOT AVANT 1789

Le paysan et le serf n'avaient, comme moyens d'existence, malgré un labeur opiniâtre, que ce qu'il plaisait au seigneur de leur laisser; une foule de redevances, de corvées les accablaient.

Il y en avait de régulières, qui revenaient à jour fixe; sur le moindre prétexte, on en imaginait de nouvelles, qui, par leur fréquence même, cessaient d'être extraordinaires. Quand il mariait sa fille ou armait son fils chevalier, le seigneur ordonnait des réjouissances qui devenaient pour ses vassaux un sujet de douleur et de misère; car c'étaient eux qui devaient fournir à tout.

Le jeu et la débauche avaient déjà ruiné les nobles, mais ils ne s'inquiétaient guère de leurs dettes tant que les pauvres gens avaient des récoltes et de l'argent; et à l'aide de la prison, du carcan, de la torture, des supplices corporels alors en usage, il était rare qu'on ne découvrît pas quelque épargne amassée avec peine pour les mauvais jours.

PERRENS.

Maxime. — Tous les hommes sont frères : Quelle cruelle injustice que de pressurer les vilains et les serfs qu'on disait « *taillables et corvéables à merci.* »

EXERCICES ORAUX ET ÉCRITS

1. Que pensez-vous des contrebandiers et du genre de vie qu'ils mènent? Montrez que, tôt ou tard, cette vie aventurière les conduit au déshonneur.
2. Montrez comment le fraudeur est un voleur. Faites voir aussi que le bon citoyen paye sans murmurer parce que *c'est la loi.*
3. Parlez des droits de douanes et d'enregistrement que vous connaissez.

PROGRAMME : *Le vote libre, consciencieux, éclairé, désintéressé et secret*

UN ÉLECTEUR CONSCIENCIEUX

Voici, mes bons amis, une petite histoire qui vous montrera l'importance du vote et les devoirs que vous aurez à remplir quand vous serez devenus citoyens :

Un illustre magistrat * venait de quitter, dans un âge avancé, la carrière qu'il avait glorieusement parcourue. Il se trouvait depuis quelques mois dans son pays natal, au milieu de ses parents et de ses amis, à deux cents lieues de la localité où il avait longtemps rendu la justice, et où son nom figurait encore sur la liste électorale. Il jouissait là d'un repos bien mérité, après avoir consumé sa vie dans les soins et les préoccupations d'une profession laborieuse.

Il apprend alors qu'une importante élection se prépare. Il se dit aussitôt qu'il a un devoir à remplir. On essaye de le retenir. L'un lui objecte son grand âge, l'autre la longueur de sa route ; un troisième lui dit que son suffrage n'aura pas grand poids dans la balance électorale, etc., etc....

« Cessez vos discours, leur répond le vénérable et énergique magistrat ; vous ne me persuadez pas. Je suis âgé, il est vrai, mais je suis *libre*. Et quand il s'agit d'exprimer ma volonté par un vote, je ne relève plus que de ma *conscience :* je sais *sacrifier mes intérêts* particuliers aux intérêts de mon pays. Pendant quarante-deux ans que j'ai exercé mes fonctions, j'ai joui, grâce à Dieu, d'une assez bonne santé, et je n'ai pas, en tout ce temps, manqué plus de vingt-cinq audiences ; encore était-ce presque toujours pour des services importants et d'intérêt public. Ce n'est pas un mérite, c'est une faveur que le Ciel m'a faite d'etre en état de remplir mes devoirs, et j'aurais été bien coupable si, pouvant les accomplir, je les avais négligés. Eh bien, aujourd'hui qu'il m'est donné encore d'être utile à mes concitoyens, j'agirai sans hésitation,

---

sans crainte ni bassesse. Je pars, ma conscience m'en fait une obligation. »

Il quitte alors ses parents et ses amis, laisse là ses doux loisirs pour aller déposer son vote dans l'urne* électorale.

Chose digne de remarque, le candidat en faveur de qui ce généreux vieillard avait exprimé son suffrage fut élu à une voix de majorité.

BOBILLIER.

Réflexions. — Ceux qui essayent d'intimider ou de corrompre un électeur, sont passibles de peines prévues par la loi. « Si le vote est un droit de l'homme *libre*, il n'en est pas moins *moralement obligatoire*. Rester indifférent au sort de son pays, se refuser de répondre quand on est consulté, c'est une abdication honteuse et condamnable. »

Maxime. — Voter est un devoir, et ce devoir impose l'obligation de s'instruire.

LEXIQUE

Magistrat. . . Officier civil revêtu d'une autorité judiciaire ou administrative.
Urne . . . . . Vase qui sert à recueillir des bulletins de vote, des numéros, etc.

CHANSON DU PAUVRE ÉLECTEUR

Ils savaient que je suis pauvre et ils ont cru que je serais vil ! Ils m'ont jugé d'après eux et leurs semblables qui n'ont pour dieu que l'ignoble veau d'or.

Ils m'ont offert de l'argent en échange de mon vote, mes enfants, oui, de mon vote !

Honte ! honte aux hommes riches qui ont voulu acheter ma conscience !

Mon vote, mais mon vote n'est pas à moi pour que j'en fasse une marchandise à mon profit !

Je dois mon vote à ma patrie !

Je donnerai mon vote non pas au plus riche, mais au plus honnête et au plus digne.

C'est le devoir de tout bon citoyen, entendez-vous, mes enfants !

Si j'avais l'appât que ces vils corrupteurs avaient attaché à l'hameçon, comment oserais-je regarder mes fils en face ?

Comment leur dirais-je : « Mes enfants, voici le droit chemin ! » tandis que jour et nuit la voix de ma conscience me reprocherait mon crime, oui, mes enfants, mon crime contre ma patrie !

(Chanson anglaise.)

Maxime. — Il n'y a rien de plus honteux que d'acheter des voix, sinon de vendre la sienne.

PROGRAMME : *La liberté individuelle, la liberté de conscience, de travail, d'association*

LE LOUP ET LE CHIEN

Un loup n'avait que les os et la peau,
Tant les chiens faisaient bonne garde.
Ce loup rencontre un dogue aussi puissant que beau,
Gras, poli, qui s'était fourvoyé* par mégarde.
L'attaquer, le mettre en quartiers,
Sire loup l'eût fait volontiers.
Mais il fallait livrer bataille,
Et le mâtin était de taille
A se défendre hardiment.
Le loup donc l'aborde humblement,
Entre en repos et lui fait compliment
Sur son embonpoint qu'il admire.
« Il ne tiendrait qu'à vous, beau sire,
D'être aussi gras que moi, lui repartit le chien ;
Quittez les bois, vous ferez bien !
Vos pareils y sont misérables,
Cancres*, hères* et pauvres diables,
Dont la condition est de mourir de faim.
Car quoi ? rien d'assuré, point de franche lippée*,
Tout à la pointe de l'épée.
Suivez-moi, vous aurez un bien meilleur destin. »
Le loup reprit : « Que me faudra-t-il faire ? —
— Presque rien, dit le chien, donner la chasse aux gens
Portant bâtons et mendiants,
Flatter ceux du logis, à son maître complaire,

Moyennant quoi votre salaire
Sera force reliefs* de toutes les façons,
Os de poulets, os de pigeons,
Sans parler de mainte caresse. »
Le loup, déjà, se forge une félicité
Qui le fait pleurer de tendresse.
Chemin faisant, il vit le col du chien pelé.
Qu'est-ce là? lui dit-il. — Rien. — Quoi, rien? — Peu de chose.
— Mais encor ? — Le collier dont je suis attaché
De ce que vous voyez est peut-être la cause. —
Attaché? dit le loup, vous ne courez donc pas
Où vous voulez? — Pas toujours, mais qu'importe?
— Il importe si bien, que de tous vos repas
Je ne veux en aucune sorte,
Et ne voudrais pas même à ce prix un trésor.
Cela dit, maître loup s'enfuit et court encor.

LA FONTAINE.

Maxime. — La liberté est le premier des biens.

LEXIQUE

Fourvoyé . . . Egaré, trompé.
Cancre . . . . Homme extrêmement avare.
Hère . . . . . Homme sans considération, sans fortune.
Lippée . . . . Bon repas qui ne coûte rien.
Reliefs . . . Restes d'un repas.

LE BONHEUR DE LA LIBERTÉ

M. Latude à la Bastille. — Le Proscrit et les oiseaux

Vous avez souvent entendu parler de la Bastille, sans vous demander peut-être ce que c'était. Eh bien ! mes chers amis, on désignait ainsi un château-fort s'élevant en plein Paris, bâti d'abord pour servir à la défense du domaine royal, mais transformé bientôt en une sombre prison où des créatures innocentes étaient impitoyablement jetées en vertu d'une simple *lettre de cachet*, c'est-à-dire d'une ordonnance royale par laquelle, avant 1789, on exilait ou on emprisonnait sans jugement ceux contre qui elle était obtenue.

Il suffisait d'être riche pour s'en procurer chez quelques ministres du roi ou même chez les valets de ceux-ci. On rapporte que Saint-Florentin, ministre de Louis XV, en a délivré plus de 50.000.

C'est pour avoir écrit quelques vers à l'adresse de Madame de Maintenon que M. Latude fut enfermé pendant trente-cinq ans dans la Bastille. Il n'en sortit que lorsque le peuple s'empara de cette prison d'Etat, le 14 juillet 1789. Combien d'êtres innocents y avaient déjà trouvé la mort !

Un grand homme, M. de Malesherbes, osa dire à Louis XV ces paroles restées célèbres : *Aucun citoyen, dans votre royaume, n'est assuré de ne pas voir sa liberté sacrifiée à une vengeance, car personne n'est assez grand pour être à l'abri de la haine d'un ministre, ni assez petit pour n'être pas digne de celle d'un commis de ferme...*

On raconte qu'un jour, un proscrit sorti récemment de prison vit, sur le parapet d'un pont de Londres *, des enfants qui tenaient cinq pauvres petits linots* enfermés dans une cage très étroite. Emu de pitié, il demanda le prix de chaque oiseau. — « Trente sous, » lui dit-on. Sans marchander, il tira l'argent de sa bourse, le donna à l'un des enfants, et, après avoir caressé un instant ces intéressantes créatures, il leur donna la volée.

Comme on s'en étonnait, il répliqua : « Je sors de prison, et je connais maintenant ce que vaut la liberté. Je suis heureux de pouvoir la rendre à prix d'argent à ces innocentes créatures qui, comme moi, n'ont rien fait pour mériter une dure captivité. »

Il y a longtemps que Michel de l'Hospital l'a dit : « Après la liberté, que reste-t-il à perdre ? La liberté, c'est la vie ; la servitude, c'est la mort. »

Réflexions. — « Les hommes naissent libres et égaux en droits. La liberté consiste à pouvoir faire tout ce qui ne nuit pas à autrui. » Il existe quatre sortes de libertés : la liberté individuelle, la liberté de conscience, la liberté de travail et la liberté d'association. Elles ne sont respectées que depuis la Révolution de 1789.

Maxime. — Une liberté forte nourrit les âmes généreuses.

EXERCICES ORAUX ET ÉCRITS

1. Parlez de la liberté individuelle, il y a un siècle. Comment pouvait-on s'emparer d'un ennemi? Dites quelques mots des lettres de cachet.
2. La liberté de conscience existe-t-elle des nos jours en France? Depuis quelle époque existe-t-elle? Citez les principaux faits historiques d'intolérance religieuse.
3. Qu'appelait-on corporation? Le travail était-il libre en France pendant qu'elles existaient? Citez quelques exemples. — De nos jours, l'ouvrier peut se constituer en sociétés ou syndicats. Y a-t-il avantage pour lui?

Programme : *La souveraineté nationale*

RESPECTER LES DÉCISIONS DE LA MAJORITÉ

Voici le premier devoir civique : respecter le verdict* du suffrage universel, une fois qu'il a été rendu, ne jamais troubler la paix publique.

Si l'insurrection* contre la tyrannie* peut être légitime, l'insurrection est le plus grand des crimes dans un pays de suffrage universel. Il n'est pas permis de faire appel à la violence, lorsque le bon droit peut triompher sans elle; ton arme véritable, s'il y a des changements à faire dans les institutions ou dans les lois, ce n'est pas la balle d'un fusil, c'est ton bulletin de vote. Si tu veux que la minorité s'incline le jour où la majorité sera avec toi, il faut que tu saches t'incliner, toi aussi, si par hasard tu te trouves avec la minorité*. Que servirait de voter si le vote ensuite ne doit pas être respecté par tout le monde?

Laisse-moi te citer un exemple :

Dans une grande République, dont tu connais le nom, les Etats-Unis de l'Amérique du Nord, il existe deux grands partis politiques, dont l'un s'appelle le parti des républicains et l'autre celui des démocrates*. Ils sont assez mal nommés, car tous deux sont également républicains; seulement ils entendent un peu autrement la

République. Il y a quelques années une grande bataille avait lieu pour l'élection du Président. Le candidat républicain, M. Hayes, l'emporta de quelques voix seulement. Les têtes étaient fort montées ; on prétendait que M. Hayes l'avait emporté seulement grâce à une fraude. Cependant, quand le Sénat américain,— qui est chargé là-bas de vérifier les élections présidentielles,— eut déclaré, à tort ou à raison, que l'élection avait été régulière, l'agitation s'arrêta tout à coup. Devant la légalité, tous les démocrates s'inclinèrent. M. Hayes exerça le pouvoir pendant les quatre années de sa présidence, sans que personne essayât de méconnaître son autorité. Voilà les véritables mœurs républicaines.

(Le petit Français.) CHARLES BIGOT.

Réflexions. — Quand un peuple commet la faute impardonnable de confier ses destinées à un seul homme, qu'il soit *roi, empereur* ou *dictateur*, il est bien près de sa chute. L'ambition des souverains est toujours funeste à leur pays. Notre propre souverain est la nation ellé-même, c'est-à-dire que le *suffrage universel est notre seul maître.*

Maxime. — Le principe de toute souveraineté réside essentiellement dans la nation.

LEXIQUE

Verdict . . . . Réponse d'un jury à la Cour d'assises ; par extension réponse du suffrage universel.
Insurrection . Révolte ouverte.
Tyrannie . . . Gouvernement injuste et cruel ; violence, oppression.
Minorité . . Le plus petit nombre.
Démocrate . . Partisan d'un gouvernement où le peuple est souverain.

LE SUFFRAGE UNIVERSEL

Le plus grand acte de la Révolution de 1848 fut d'établir le suffrage universel.

Et voyez comme ce qui est profondément juste est en même temps profondément politique : le suffrage universel, en donnant à ceux qui souffrent un bulletin, leur ôte le fusil. En leur donnant la puissance, il leur donne le calme.

Le suffrage universel dit à tous, et je ne connais pas

de plus admirable formule de la paix publique : « Soyez tranquilles, vous êtes souverains. »

Il ajoute : Vous souffrez ! eh bien, n'aggravez pas vos souffrances, n'aggravez pas les détresses publiques par la révolte. Vous souffrez ! eh bien, vous allez travailler vous-mêmes, dès à présent, à la destruction de la misère, par des hommes qui seront à vous, par des hommes en qui vous mettrez votre âme, et qui seront en quelque sorte votre main. Soyez tranquilles.

Puis, pour ceux qui seraient tentés d'être récalcitrants*, il dit :

Avez-vous voté ? Oui. Vous avez épuisé votre droit, tout est dit. Quand le vote a parlé, la souveraineté a prononcé. Il n'appartient pas à quelques-uns de défaire ni de refaire l'œuvre de tous. Vous etes citoyens, vous êtes libres, votre heure reviendra, sachez l'attendre. En attendant, travaillez, écrivez, parlez, discutez, éclairez-vous, éclairez les autres. Vous avez à vous aujourd'hui la liberté, demain la souveraineté : vous êtes forts !...

Il y a un jour dans l'année où le gagne-pain*, le journalier, le manœuvre, l'homme qui traîne les fardeaux, l'homme qui casse des pierres au bord des routes, le juge, les représentants, le Sénat, les ministres, le président de la République sont égaux en puissance. Il y a un jour dans l'année où le plus modeste citoyen prend part à la vie immense du pays tout entier, où la plus étroite poitrine se dilate à l'air vaste des affaires publiques ; un jour où le plus faible sent en lui la grandeur de la souveraineté nationale, où le plus humble sent en lui l'âme de la patrie. Quel accroissement de dignité pour l'homme, et, par conséquent, de moralité ! Quelle satisfaction, et, par conséquent, quel apaisement !

Victor HUGO.

Réflexions. — Le suffrage universel peut quelquefois se tromper sur la valeur du mandataire qu'il choisit. La seule arme légitime à prendre en pareil cas, c'est le bulletin de vote lorsque viendra le moment de sa réélection.

Maxime. — Ne soyez point indifférents aux affaires publiques, qui sont vos affaires.

LEXIQUE

Récalcitrant . Qui résiste avec humeur, opiniâtreté.
Gagne-pain . . Ce qui fait subsister quelqu'un; celui qui travaille et gagne à peine son pain.

SUR LE POUVOIR PERSONNEL

Ne confiez jamais à un seul homme le gouvernement de votre Etat. Quel mal n'auriez-vous pas à redouter d'un tel pouvoir entre les mains d'un simple mortel qui, fût-il parmi les meilleurs, pourrait être trop souvent trompé par des courtisans astucieux*, intéressés et méchants qui lui cacheraient habilement la vérité et la remplaceraient par le mensonge. Soyez sur vos gardes si vous lui confiez même un pouvoir limité, de peur que, tôt ou tard, il sape* et détruise ces limites et devienne maître absolu; car, en disposant des fonctions, il attache à sa personne ceux qui les occupent. Il s'attache ainsi ceux qui espèrent des places et qui forment un puissant parti favorisant ses vues. Par des engagements politiques différents, suivant l'intérêt des Etats et des princes voisins, il s'assure leur appui tout en établissant son propre pouvoir, et ainsi, grâce à l'espoir des récompenses chez une partie de ses sujets et à la crainte de son ressentiment* chez l'autre, toute opposition tombe devant lui.

FRANKLIN.

Maxime. — La souveraineté nationale s'exerce par le suffrage universel.

LEXIQUE

Astucieux. . . Qui a de la finesse, de la méchanceté.
Sape . . . . . Détruit, renverse.
Ressentiment. Souvenir d'une injure, avec désir de s'en venger.

EXERCICES ORAUX ET ÉCRITS

1. On vous a parlé de cette maxime de Louis XIV : « L'Etat, c'est moi ! » ou de celle de François Ier : « tel est notre bon plaisir ! » qu'en pensez-vous ?

2. Rapprochez les événements militaires sous une royauté quelconque des événements militaires de la Convention. Concluez et dites si le patriote se bat pour son roi ou pour son pays.
3. Montrez qu'en république le peuple est le seul souverain et qu'il exerce sa souveraineté par le suffrage universel.

Programme : *Liberté! Egalité! Fraternité!*

UNE VIEILLE HISTOIRE

Il y avait une fois (je parle de longtemps) une province fort éloignée des Etats du prince auquel elle était soumise, et vivant dans une sorte d'indépendance *. Un jour, les hommes de cette province, las d'être libres et heureux, s'assemblèrent et dirent entre eux : « Nos impôts sont trop lourds; ils se perdent dans les mains des collecteurs* et dans la caisse du Trésor, qui est une caisse sans fond. » Alors ils chassèrent les percepteurs et autres employés du fisc*, et en tuèrent quelques-uns.

Puis, un orateur se leva et dit : « Ces belles forêts sont à nous. Il nous faut les couper pour payer nos dettes et vivre tous à l'aise. » Les gardes eurent beau protester, ils abattirent leurs forets. Un autre orateur se leva à son tour et fit une proposition plus hardie : « On enrôle, dit-il, notre jeunesse pour des guerres qui ne nous regardent point. Est-ce que nous ne sommes pas assez forts pour nous défendre nous-mêmes? Refusons l'impôt du sang! »

Et ce qui fut dit fut fait. La province vécut pendant un an ou deux en pleine liberté, mais aussi en pleine anarchie*. Au lieu d'un pouvoir lointain et supportable, ils eurent vingt ambitieux qui se disputèrent le pouvoir. Les communes elles-mêmes se divisèrent. Chacune s'enferma dans son égoïsme et voulut s'ériger en petit Etat. C'est alors qu'on entendit, pour la première fois, cette maxime odieuse : « Chacun pour soi, chacun chez soi. » Si on proposait de voter des crédits pour une route, pour un chemin vicinal, il se trouvait toujours quelqu'un pour dire : nous sommes bien chez nous, restons chez nous. Que vous dirai-je encore? Tel quartier d'un petit village voulait avoir sa fromagerie à lui tout seul, son école à lui tout seul. On se battait dans les rues pour l'élection des conseils municipaux.

Or, pendant que ces choses se passaient, voici qu'il y eut quelques mauvaises années. Vous vous rappelez bien l'histoire des sept vaches maigres de l'Ecriture. Les vignes gelèrent; les blés se pourrirent en herbe; il y eut des grêles, des inondations.

Alors, la province qui avait mangé tous ses revenus et qui s'était même endettée par sa mauvaise administration se tourna vers l'Etat et le pria de lui venir en aide. Mais l'Etat lui répondit non sans raison : « Puisque vous n'avez pas voulu prendre part aux charges, vous n'aurez pas part aux bénéfices. »

Pour comble de malheur, une guerre survint, une grande guerre européenne. La province, réduite à ses propres forces, se défendit courageusement, mais fut écrasée par le nombre. Les survivants furent emmenés en esclavage ou dépossédés.

La morale de cette histoire, mes enfants, est que les membres d'une société sont comme les membres d'une famille ; que tous ont les mêmes droits, mais aussi les mêmes devoirs; qu'ils doivent être unis et ne former qu'un seul corps dans la bonne comme dans la mauvaise fortune, et enfin qu'il faut obéir à la loi, quand elle n'est pas dictée par le caprice d'un tyran *, mais quand elle est, comme aujourd'hui dans notre République, l'expression de la volonté souveraine de la nation.

Priez seulement vos maîtres de vous relire la fable des *Membres et de l'Estomac*. Cela me dispensera de vous en dire davantage.

DIONYS ORDINAIRE.

Réflexions. — Préparez-vous de bonne heure, mes amis, à servir la République, dont la belle devise : « Liberté! Egalité! Fraternité! » qui date de la première Révolution, doit être gravée en lettres d'or dans tous les cœurs français.

Maxime. — Il se faut entr'aider, c'est la loi de nature.

LEXIQUE

Indépendance. Etat d'une personne qui ne relève d'aucune autorité.
Collecteur, . . Autrefois celui qui levait les impôts.
Fisc . . . . . . Trésor de l'Etat.
Anarchie . . . Absence de gouvernement.
Tyran. . . . . Prince qui gouverne avec cruauté.

HISTOIRE DU GÉNÉRAL DROUOT

Le jeune Drouot s'était senti poussé vers l'étude des lettres par un très précoce* instinct. Agé de trois ans, il allait frapper à la porte de l'école, et, comme l'instituteur lui en refusait l'entrée parce qu'il était trop jeune, il pleurait beaucoup.

On le reçut enfin. Ses parents, témoins de son application toute volontaire, lui permirent avec l'âge de fréquenter les leçons plus élevées, mais sans rien lui épargner des devoirs et des gênes de leur maison. Rentré de l'école ou du collège, il lui fallait porter le pain chez les clients*, se tenir dans la chambre publique avec tous les siens et subir les inconvénients d'une perpétuelle distraction. Le soir, on éteignait la lumière de bonne heure, par économie, et le pauvre écolier devenait ce qu'il pouvait, heureux lorsque la lune favorisait par un vif éclat la prolongation de sa veillée.

On le voyait profiter ardemment de ces rares occasions. Dès les deux heures du matin, quelquefois plus tôt, il était debout; c'était le temps où le travail domestique recommençait à la lueur d'une seule et mauvaise lampe. Il reprenait aussi le sien; mais la lampe infidèle, éteinte avant le jour, ne tardait pas à lui manquer de nouveau; alors il s'approchait du four ouvert et enflammé et continuait à ce rude soleil la lecture de Tite-Live* ou de César*.

En se promenant un jour par hasard dans les rues de Nancy*, le jeune Drouot remarqua une affiche-programme* qui annonçait un examen pour l'école d'artillerie de Metz*. Il partit, après avoir obtenu l'assentiment* de son père, qui lui donna six francs pour faire le voyage. C'était durant l'été de 1793. Une nombreuse et florissante jeunesse se pressait dans une des salles de l'école d'artillerie.

Le célèbre La Place * y faisait, au nom du gouvernement, l'examen de quatre-vingts candidats au grade de sous-lieutenant. La porte s'ouvre. On voit entrer une sorte de paysan, de petite taille, l'air ingénu *, de gros souliers aux pieds et un bâton à la main. Un rire universel accueille le nouveau venu.

L'examinateur lui fait remarquer ce qu'il croit être une méprise, et, sur sa réponse qu'il vient subir l'examen, il lui permit de s'asseoir.

On attendait avec impatience le tour du petit paysan. Il vient enfin. Dès les premières questions, La Place reconnaît une fermeté d'esprit qui le surprend.

La Place est touché ; il embrasse le jeune homme avec effusion * et lui annonce qu'il est le premier de sa promotion *.

L'école se lève tout entière et accompagne en triomphe dans la ville le fils du boulanger de Nancy, celui qui deviendra le général Drouot.

A l'armée, il se distingua comme le meilleur officier. Après Waterloo *, il fut chargé de ramener en France les débris de nos armées échappées au massacre. Ce fut Nancy qu'il choisit pour le lieu de sa retraite. Poussant le désintéressement * jusqu'à la dernière limite du possible, il refusa toute pension, quoique se trouvant dans une situation précaire *.

Un jour, étant sans argent, il trouva même le moyen de secourir un malheureux qui n'avait plus de pain, en lui donnant les galons * d'or qui étincelaient sur les bras de sa tunique. Il mourut dans la pauvreté, à Nancy, en **1847**. Napoléon l'avait surnommé le Sage de la Grande-Armée.

LACORDAIRE.

Réflexions. — « Le soldat porte dans sa giberne son bâton de maréchal, » c'est-à-dire qu'il peut parvenir maintenant aux plus hautes fonctions de l'armée, *s'il en est capable et quelle que soit son origine*.

» Tous les citoyens étant égaux devant la loi, sont également admissibles à toutes dignités, places et emplois publics, selon leur capacité, et sans autres distinctions que celle de leurs vertus et de leurs talents. »

Maxime. — Liberté! Egalité! Fraternité! tel est le mot d'ordre de la société moderne.

LEXIQUE

Précoce. . . . . Formé avant l'âge.
Client. . . . . Qui est en relation d'affaires avec un commerçant.
Tite-Live. . . . . Pris, dans ce sens, pour son ouvrage intitulé : *Les Décades*.
César . . . . Pris, dans ce sens, pour son ouvrage intitulé : *Les Commentaires*.
Nancy . . . . . . Ancienne capitale de la Lorraine, chef-lieu de Meurthe-et-Moselle, 80.000 habitants, très jolie ville industrielle et commerçante.
Programme . . . Conditions d'un concours.
Metz . . . . 50.000 habitants, ville perdue en 1871, où le traître Bazaine capitula avec 173.000 hommes.
Assentiment . . . Autorisation ou permission.
La Place . . . . . Astronome français, travailla à établir le système métrique, 1749-1827.
Ingénu . . . . . . Simple, naïf.
Effusion . . . . . En versant des larmes de joie.
Promotion . . . . Action par laquelle on élève une ou plusieurs personnes à un grade.
Waterloo . . . . . Village de Belgique où Napoléon Ier fut vaincu par les Anglais et les Prussiens (18 juin 1815).
Désintéressement. Renoncement à une chose.
Précaire . . . . . Qui n'a rien de stable ni d'assuré.
Galon . . . . Bordure que porte, à l'habit, les sous-officiers et les officiers pour distinguer les grades

---

LA FRATERNITÉ

Voyez cette pauvre créature humaine, gisante * au coin de la rue, dans la défaillance * du besoin ou qu'un accident vient d'atteindre. Un homme la regarde, la plaint et passe. Suis-je cause, se dit-il, qu'elle soit en cet état et qui m'a chargé d'elle? C'est bien assez d'avoir à songer à soi. Un autre la regarde aussi et son âme s'émeut. Il s'approche, la prend dans ses bras, la porte en sa maison, la couche sur son lit, la veille, et la soigne, comme le frère soigne son frère, et l'ami son ami.

De ces deux hommes, lequel a vraiment accompli son devoir?

LAMENNAIS.

Réflexions. — Il ne faut pas rester indifférent à l'égard des malheureux ; la fraternité nous oblige à soulager leur infortune autant que nous le pouvons.

Maxime. — Etant tous enfants d'une même nature, nous sommes tous frères.

LEXIQUE

Gisante . . . . Couchée misérablement.
Défaillance . . Sans avoir de quoi se substanter.

EXERCICES ORAUX ET ÉCRITS

1. Depuis quelle époque les fonctions de l'armée sont-elles accessibles à tous? Citez quelques généraux célèbres issus de familles bourgeoises.
2. Qui commandait les armées autrefois? Y a-t-il justice à ce que le mérite remplace le privilège? Dites quelques mots sur la devise républicaine : Liberté! Égalité! Fraternité!
3. Ne pourriez-vous pas citer, dans l'histoire, des généraux incapables qui ne devaient leur situation qu'à la naissance et qui ont plongé la France dans le malheur?

CHAPITRE III

LA SOCIÉTÉ

Programme : *La société; ses nécessités; ses bienfaits*

ROBINSON CRUSOÉ

Le maître avait raconté à ses élèves l'histoire de Robinson Crusoé, de cet homme industrieux qui, jeté par un naufrage * sur une île déserte, parvint à y vivre pendant vingt ans, grâce aux inépuisables ressources de son travail et de son habileté. Le récit fini, Georges, avec sa témérité * habituelle, ne put se retenir de dire que cette histoire était en contradiction avec tout ce que le maître avait dit de la nécessité de la société. L'aventure de Robinson Crusoé prouvait, selon lui, qu'un homme peut se suffire à lui-même et vivre libre, heureux, sans le secours de ses semblables. Le maître interrompit Georges et lui demanda s'il n'était pas vrai, du moins, que Robinson Crusoé devait à la société l'éducation qu'il avait reçue dans sa jeunesse et, à cette éducation, la science, l'expérience qui firent précisément son salut.

Georges en convint.

Mais ce n'est pas tout, reprit le maître : Robinson n'apportait pas seulement avec lui dans son île les trésors de son instruction, les résultats de son éducation sociale. Malgré toute son adresse, Robinson n'eut pas triomphé de son dénûment * et de sa solitude, sans les secours de toute espèce que lui fournissaient les débris du vaisseau échoué sur le rivage de l'île.

D'abord, au premier jour de son isolement *, il a besoin de vivres. Où les trouve-t-il ? Dans les coffres des matelots qui contenaient du pain, du riz, du fromage, de la viande séchée, toutes les provisions destinées à un long voyage sur mer. Pour se protéger contre les pluies, contre le mauvais temps, pour se construire un abri, que va-t-il employer ? Des toiles goudronnées. Et où les prend-il ? Dans le navire encore. Pour couper le bois dont il a besoin, pour enfoncer dans la terre les pieux qui porteront sa tente, qu'aurait-il fait de ses mains s'il ne les avait armées des outils et des instruments que le vaisseau avait apportés d'Europe ? Et le blé qu'il va semer pour se nourrir les années suivantes, quand sa provision de vivres sera épuisée, n'est-ce pas encore le vaisseau qui le lui fournit ?

C'est donc encore la société qui protégeait Robinson sur son île déserte, qui l'empêchait de mourir de froid, de faim. C'est la société aussi qui lui suggérait * les ingénieux expédients * par lesquels il réussit à faire face aux difficultés de son existence précaire *. Ne dites donc pas que Robinson Crusoé s'est passé de la civilisation. Ne dites donc pas non plus qu'il a été heureux dans sa solitude. D'abord, il n'a jamais été complètement seul : il lui est resté des livres, puis la compagnie d'un chien fidèle, puis le perroquet auquel il a appris à parler et qui l'appelle : Robin... Robin... Et malgré tout cela, il a souffert, il est resté triste jusqu'au jour où lui échut la bonne fortune de rencontrer enfin un autre homme, un sauvage, sans doute, mais enfin un homme, un semblable, le bon Vendredi.

Le perroquet l'appelle Robin... Robin...

(Eléments d'instruction morale et civique.) G. COMPAYRÉ.

Réflexions. — L'homme a besoin du concours de ses semblables, c'est-à-dire qu'il ne pourrait vivre sans les ressources que lui offre la société.

Maxime. — La société est une grande famille dont les membres doivent s'entr'aider.

LEXIQUE

Naufrage . . . Perte d'un vaisseau ; ruine complète.
Témérité . . . Hardiesse imprudente et présomptueuse.
Dénuement. . Misère extrême.
Isolement. . . Etat d'une personne seule.
Suggérer . . . Insinuer, inspirer.
Expédient. . . Moyen de réussir dans une affaire.
Précaire. . . . Qui n'a rien d'assuré, de stable.

BIENFAITS DE LA SOCIÉTÉ

Voici un homme appartenant à une classe modeste de la société, un menuisier de village par exemple. Observons tous les services qu'il rend à la société et tous ceux qu'il en reçoit.

Cet homme passe sa journée à raboter des planches, fabriquer des tables et des armoires ; il se plaint de sa condition, et, cependant, que reçoit-il de cette société en échange de son travail?

D'abord, tous les jours, en se levant, il s'habille, et il n'a personnellement fait aucune des nombreuses pièces de son vêtement. Or, pour que ces vêtements, tout simples qu'ils sont, soient à sa disposition, il faut qu'une énorme quantité de travail, d'industrie, de transports, d'inventions ingénieuses, ait été accomplie. Il faut que des Américains aient produit du coton, des Indiens, de l'indigo*, des Français, de la laine et du lin ; des Brésiliens, du cuir; que tous ces matériaux aient été transportés en des villes diverses; qu'ils y aient été ouvrés*, filés, tissés, teints, etc.

Ensuite il déjeune. Pour que le pain qu'il mange lui arrive tous les matins, il faut que les terres aient été défrichées, closes, labourées, fumées, ensemencées; il faut qu'une certaine sécurité ait régné au milieu d'une incomparable multitude ; il faut que le froment ait été récolté, broyé, pétri et préparé ; il faut que le fer, l'acier, le bois, la pierre aient été convertis par le travail; que certains hommes se soient emparés de la force des animaux, d'autres du poids d'une chute d'eau, etc. ; toutes choses dont chacune, prise isolément, suppose une masse incalculable de travail mise en jeu, non seulement dans l'espace, mais dans le temps.

Cet homme ne passera pas sa journée sans employer un peu de sucre, un peu d'huile, sans se servir de quelques ustensiles. Il enverra son fils à l'école pour y recevoir une instruction qui, quoique bornée, n'en suppose pas moins des recherches, des études antérieures, des connaissances dont l'imagination est effrayée. Il sort : il trouve une rue pavée et éclairée. On lui conteste une propriété, il trouve des avocats pour défendre ses droits, des juges pour l'y maintenir, des officiers de justice pour faire exécuter la sentence, toutes choses qui supposent des connaissances acquises, par conséquent des lumières et des moyens d'existence.

Si notre artisan entreprend un voyage, il trouve que, pour lui épargner du temps et diminuer sa peine, d'autres ont aplani le sol, comblé des vallées, abaissé des montagnes, joint les rives d'un fleuve, amoindri tous les frottements, placé des véhicules* à roues sur des blocs de grès ou des bandes de fer, dompté les chevaux ou la vapeur, etc.

Il est impossible de ne pas être frappé de la disproportion, véritablement incommensurable, qui existe entre les satisfactions que cet homme puise dans la société et celles qu'il pourrait se donner s'il était réduit à ses propres forces. J'ose dire que, dans une seule journée, il consomme des choses qu'il ne pourrait produire lui-même dans dix siècles.

F. BASTIAT.

Réflexions. — Sans la société, l'homme serait misérable et la vie lui serait à charge. Par son travail quotidien le mieux ordonné, il ne pourrait subvenir aux besoins les plus pressants de son existence.

Maxime. — En société, le profit de chacun est celui de tous. Tous pour chacun, chacun pour tous.

LEXIQUE

Indigo. . . . . Matière colorante qui sert à teindre en bleu.
Ouvré. . . . . Travaillé.
Véhicule . . . Voiture.

LES MEMBRES ET L'ESTOMAC

Je devais, par la royauté,
Avoir commencé mon ouvrage :
A la voir d'un certain côté,
Messer Gaster en est l'image :
S'il a quelque besoin, tout le corps s'en ressent.
De travailler pour lui, les membres se lassant,
Chacun d'eux résolut de vivre en gentilhomme,
Sans rien faire, alléguant l'exemple de Gaster.
Il faudrait, disaient-ils, sans nous qu'il vécût d'air.
Nous suons, nous peinons, comme bêtes de somme,
Et pour qui ? pour lui seul : nous n'en profitons pas,
Notre soin n'aboutit qu'à fournir ses repas.
Chômons, c'est un métier qu'il veut nous faire apprendre.
Ainsi dit, ainsi fait, les mains cessent de prendre,
Les bras d'agir, les jambes de marcher :
Tous disent à Gaster qu'il en allât chercher.

Ce leur fut une erreur dont ils se repentirent :
Bientôt les pauvres gens tombèrent en langueur ;
Il ne se forma plus de nouveau sang au cœur,
Chaque membre en souffrit ; les membres se perdirent.
Par ce moyen, les mutins virent
Que celui qu'ils croyaient oisif et paresseux,
A l'intérêt commun contribuait plus qu'eux.

LA FONTAINE.

Maxime. — Dans la société, il n'y a pas de rouages inutiles.

EXERCICES ORAUX ET ÉCRITS

1. La nation est une grande famille. Montrez qu'elle a besoin aussi de recourir à d'autres nations.
2. Quels sont les bienfaits qu'offre la société ?
3. Faites voir qu'un artisan quelconque a besoin du concours d'autres artisans.

PROGRAMME : *La justice. — Condition de toute société. — Equité*

RESPECT POUR LE DROIT DES GENS
(381 avant J.-C.)

Le célèbre Camille, général romain, assiégeait la ville de Falérics ; le siège traînait en longueur, et la ville, bien défendue, n'était nullement disposée à se rendre. Un traître résolut de la livrer. C'était un précepteur*, qui, passant pour très instruit, réunissait chez lui les enfants de tous les citoyens les plus distingués. Cet homme, indigne de la noble profession qu'il exerçait, conçut une pensée atroce* et l'exécuta. Un jour de vacance, il conduisit ses élèves à la promenade hors des murs et d'un côté où l'on n'avait rien à craindre de l'ennemi. Puis, en les faisant passer par des [illegible] qui lui étaient connus, il les amène dans le [illegible] des Romains. « Général, dit-il à Camille, Falérics est maintenant en votre pouvoir, car voici les enfants de tous les premiers de la ville ; pour les ravoir, ils subiront toutes les conditions que vous voudrez leur imposer. »

Le traître s'attendait à un accueil flatteur et à de brillantes récompenses. Quelle fut sa consternation* quand il entendit Camille lui adresser ces paroles foudroyantes : « Tu as donc pensé, misérable, que les Romains étaient des lâches comme toi !... Apprends, perfide*, que les lois de la justice sont sacrées, qu'on est tenu de les observer envers ses ennemis même, et que la guerre n'anéantit point les droits de l'humanité. Profiter de la trahison, ce serait la partager. Nous ne faisons pas la guerre aux enfants et nous la faisons loyalement aux hommes ! » En même temps, il rassura toute cette jeunesse tremblante, il la fit reconduire à Falérics et livra à la juste vengeance des habitants le traître chargé de liens. Quand les enfants revinrent dans la ville, où régnait déjà la désolation, la joie et l'admiration éclatèrent de toutes parts; la conduite du chef des Romains avait épargné tous les cœurs : les habitants de Faléries aimant mieux avoir pour ami que pour ennemi un peuple à la fois si brave et si généreux, ouvrirent leurs portes aux Romains qui les traitèrent désormais en alliés et en frères.

BARRAU.

Réflexions. — Pendant la guerre, les vieillards, les femmes, les enfants doivent être épargnés. On doit cesser le feu sur une armée qui dépose les armes; on ne doit pas bombarder une ville ouverte ni lancer des projectiles empoisonnés ou de nature à faire des blessures inguérissables. On doit relever tous les blessés sans distinction de nationalité et leur donner les mêmes soins. Toute violence envers les infirmiers et les médecins-ambulanciers est interdite. Ces règles du droit des gens n'ont pas été observées par les Allemands en 1870-1871. Une nation qui les foule aux pieds mérite une haine éternelle. Petits Français, souvenez-vous?

Maxime. — La charité donne, la justice respecte ou restitue.

LEXIQUE

Précepteur . . Personne chargée d'instruire les enfants d'une famille.
Atroce. . . . . D'une méchanceté excessive.
Consternation Abattement profond causé par un grand malheur.
Perfide . . . . Qui manque à sa parole, qui manque de loyauté.

LAPALISSE

Le brave Lapalisse*, chevalier français, était commandant d'une citadelle* assiégée par les Espagnols; il avait fait une sortie vigoureuse.

Couvert de blessures, il veut reprendre le chemin du fort; les Espagnols lui ferment le passage : alors il s'appuie contre une muraille et se défend longtemps. Cédant enfin au nombre, il tombe et est traîné expirant à la tente de Gonzalve de Cordoue, chef des assiégeants, qui le menace d'une mort prompte s'il n'oblige à l'instant les assiégés à lui livrer le fort. Lapalisse écoute tranquillement l'Espagnol, puis il dit : « Qu'on me porte au pied du rempart. » Là, il fait appeler son lieutenant.

« Cornon, lui dit-il, Gonzalve que vous voyez menace de m'ôter un reste de vie si vous ne vous rendez promptement; mon ami, regardez-moi comme un homme déjà mort; soyez fidèle à votre devoir envers le roi et la France, et défendez la place jusqu'à votre dernier soupir. »

Gonzalve, quoique transporté de fureur, n'exécuta pas ses horribles menaces; il aima mieux échanger, contre un officier espagnol du même grade, son prisonnier qui respirait encore. Lapalisse guérit et devint maréchal de France*.

Réflexions. — Les prisonniers de guerre doivent être traités comme des soldats en activité de service, jusqu'à ce que la liberté leur soit rendue par la paix.

Maxime. — Un seul acte de justice vaut un siècle d'aïeux.

LEXIQUE

Lapalisse . . . . Célèbre capitaine français qui fut tué à la bataille de Pavie en 1525.

Citadelle . . . . Forteresse qui commande une ville.

Maréchal de France. Grade le plus élevé de l'armée; ce grade a été supprimé sous la République actuelle.

LE DROIT ET LA FORCE

Helvidius Priscus, un des membres les plus illustres du Sénat romain sous l'Empire, passait pour être hostile au gouvernement de Vespasien. Celui-ci lui demanda un jour de ne pas se rendre au Sénat. « Il est en ton pouvoir, répondit Helvidius, de m'ôter mes fonctions; mais, tant que je serai sénateur, j'irai au Sénat.

— Eh bien! vas-y, reprit le prince, mais tais-toi.

— Ne me demande pas mon avis et je me tairai.

— Mais si tu es présent, il faut que je t'interroge.

— Et moi, il faut que je dise ce qui me paraîtra juste.

— Si tu parles, je te ferai mourir.

— Je ne t'ai jamais dit que je fusse immortel. Nous ferons tous deux ce qui dépendra de nous. Tu me feras mourir et je souffrirai la mort sans trembler. »

En effet, il expia sa courageuse résistance par le dernier supplice.

LA HARPE.

Réflexions. — La vie de l'homme est sacrée pour l'homme. Celui qui tue son semblable commet l'acte le plus ignoble et le plus sauvage. Ne voyons dans un homme en danger qu'un être malheureux et n'hésitons pas à lui donner l'hospitalité.

Maxime. — Loyauté vaut mieux qu'argent.

UNE LEÇON D'HUMANITÉ

On sait quelles atrocités * commirent les Bavarois à la suite de leur victoire de Bazeilles *; inutile donc de dire quels étaient les sentiments des survivants à l'égard des indignes vainqueurs. Cependant, dans l'été de 1873, le 10e bavarois quittait Charleville pour gagner Sedan. Notre dette était acquittée; les Allemands évacuaient * notre territoire. Ce régiment rappelait de cruels souvenirs aux habitants de Bazeilles et de Sedan.

Il s'était particulièrement distingué le 1er septembre 1870. La chaleur était accablante; en défilant sur la place, dix à douze soldats étrangers tombèrent morts. L'embarras de l'état-major allemand fut extrême, les ordres prescrivaient impérativement * de quitter la ville le jour même; il fallait abandonner ces morts. Le général Manteuffel * crut esquiver * la difficulté en adressant au maire une somme d'argent et en le priant de faire procéder à leur inhumation. Au nom de la population tout entière, le maire refusa l'argent; mais, le lendemain, une foule recueillie escorta au cimetière, musique des pompiers en tête, les cercueils ennemis.

Réflexions. — L'humanité nous impose des devoirs de *respect* et d'*assistance* même envers nos ennemis. On s'honore en les observant fidèlement.

Maxime. — Fais en sorte que ton plaisir ne soit pas le tourment des autres.

LEXIQUE

Atrocité. . . . . . Action d'une méchanceté excessive.
Bazeilles . . . . . Bourg des Ardennes, arrondissement de Sedan, pris et brûlé par les Prussiens le 1er septembre 1870.
Evacuer. . . . . . Quitter une ville assiégée; faire sortir du corps.
Impérativement . D'une manière impérieuse, de commandement autoritaire.
Manteuffel . . . . Général commandant l'armée allemande en 1870-1871, pendant l'invasion.
Esquiver . . . . . Eviter adroitement une difficulté.

EXERCICES ORAUX ET ÉCRITS

1. Peut-on s'ôter la vie ou l'ôter à ses semblables? Dans quel cas est-on en légitime défense?
2. Un soldat qui tue un autre soldat ennemi sur le champ de bataille en défendant le drapeau, fait-il un meurtre? Pourquoi?
3. Comment doit-on se conduire envers les prisonniers de guerre? L'esclavage est-il encore permis? Montrez qu'il y avait cruauté et injustice à le pratiquer.

Programme : *Respect de la vie et de la liberté*

UNE AVENTURE DE VICTOR SCHŒLCHER

Un de mes plus chers amis, le docteur L..., encore jeune homme, vivait fort retiré avec sa mère dans la rue Papillon, faubourg * Poissonnière. J'arrive chez lui : « Voulez-vous donner asile à M. Schœlcher cette nuit ? — Vous tombez bien, me répondit-il en riant, ma mère est une bonapartiste * enragée, elle trouve le Coup d'Etat la plus belle chose du monde, et elle exècre * tout ce qui porte le nom de républicain. Enfin, nous allons essayer... » Nous entrons chez la vieille dame. « Eh bien ! ma mère, voilà notre ami M. Legouvé qui vient nous donner des nouvelles.

— Ah ! le cher prince va bien ?

— Oh ! lui ne va pas mal !... Mais ce sont les représentants...

— Tu veux dire les députés ?

— Ils sont poursuivis, traqués.

— Tant mieux ! Pourvu qu'on les prenne tous !

— Que veux-tu qu'on en fasse ?

— Qu'on les fusille *, les misérables ! Pas de grâce !

— Pourtant, ma mère, il y a parmi eux de braves gens...

— Lesquels donc ?

— Tiens ! par exemple, M. Schœlcher !

— Oh ! par exemple, parlons-en, de celui-là. C'est un des pires ! Il paraît qu'il a fait massacrer des millions de blancs dans les colonies. Je ne suis pas méchante ; mais, si je le tenais, il passerait un mauvais quart d'heure.

— Hein ? Il vient te demander asile !

— Quoi ?

— Il compte sur nous pour le recueillir, le sauver !

— Sur moi ?

— La police le poursuit et, si tu lui fermes ta porte, il est perdu. » Alors éclata dans le cœur de cette excellente vieille dame, car il n'y en a pas de meilleure, la lutte la plus étrange, la plus comique, entre son humanité et ses opinions politiques. Elle marchait tout éperdue * dans la chambre. Elle parlait à mots entrecoupés. Me voilà bien!... s'écria-t-elle. Puis se retournant vers son fils : « Tu avais bien besoin de me mettre cette affaire-là sur le dos, toi!

— Enfin, maman, c'est fait! J'ai promis. Il va venir, faut-il le renvoyer?

— Le renvoyer! le renvoyer! Un homme qu'on poursuit! comme si c'est possible! Mais où veux-tu que je le couche? je n'ai que trois lits, le mien, le tien et celui de la bonne?

— Oh! madame, repris-je, il passera très bien la nuit sur un fauteuil!

— Un homme qu'on pourchasse * depuis ce matin! Il doit être épuisé, cet homme! car on m'a dit..., reprend-elle avec un mouvement de colère, qu'il s'est battu toute la journée au faubourg Saint-Antoine! Oh! le scélérat. Puis changeant tout à coup de ton : Il faut cependant le coucher, on lui fera un lit dans le salon. J'ai trois matelas, je peux bien lui en donner un.

— Non, maman! c'est n[illegible].

— Tu lui en donneras un aussi, il faut bien deux matelas à cet homme. Oh! bon Dieu! qui est-ce qui m'aurait dit que je ferais un lit pour ce Schœlcher!... Enfin, puisque nous y sommes : Marie? Avez-vous du bouillon?

— Oui, madame.

— Eh bien, vous ferez un potage à dix heures, pour un monsieur.... qui... enfin! Vous ferez un potage *. » Et la voilà qui ordonne le souper, qui commence son déménagement, grommelant *, interpellant son fils, aidant sa bonne, et refaisant, sans s'en douter, la charmante scène de la *Case de l'oncle Tom*, où un sénateur cache, le soir, celui qu'il avait condamné le matin.

Ernest LEGOUVÉ.

Réflexions. — Le crime le plus grave que l'on puisse commettre est d'attenter à la vie de son prochain. Nous avons le *devoir* de respecter sa personne et de ne pas permettre qu'on attente à cette liberté, chaque fois que nous pouvons l'empêcher.

Maxime. — Un homme qui en frappe un autre n'est plus un homme, c'est une brute.

LEXIQUE

Faubourg . . . Partie d'une ville hors de son enceinte.
Bonapartiste . Partisan du gouvernement d'un Bonaparte.
Exécrer . . . . Avoir une horreur extrême.
Fusiller . . . . Tuer à coup de fusil.
Eperdue. . . . Agitée, troublée.
Pourchasser . Poursuivre avec ardeur.
Potage . . . . Bouillon dans lequel on a mis du pain ou des pâtes alimentaires.
Grommeler . . Murmurer, se plaindre entre ses dents.

APRÈS LA BATAILLE

Mon père, ce héros au sourire si doux,
Suivi d'un seul housard qu'il aimait entre tous,
Pour sa grande bravoure et pour sa haute taille,
Parcourait à cheval, le soir d'une bataille,
Le champ couvert de morts sur qui tombait la nuit.
Il lui sembla, dans l'ombre, entendre un faible bruit.
C'était un Espagnol de l'armée en déroute
Qui se traînait, sanglant, sur le bord de la route,
Râlant, brisé, livide et mort plus qu'à moitié
Et qui disait : à boire par pitié!
Mon père, ému, tendit à son housard fidèle
Une gourde de rhum qui pendait à sa selle
Et dit : « Tiens, donne à boire à ce pauvre blessé. »
Tout à coup, au moment où le housard baissé
Se penchait vers lui, l'homme, une espèce de More,
Saisit un pistolet qu'il étreignait encore
Et vise au front mon père en criant : « Caramba. »
Le coup passa si près que son chapeau tomba
Et que le cheval fit un écart en arrière.
« Donne lui tout de même à boire, dit mon père.

Victor HUGO.

Programme : *Respect de la propriété. — Probité*

LA PROPRIÉTÉ

Emile, mon petit ami, a semé des fèves* sur un carré où le jardinier Robert avait d'abord semé des melons*.

Tous les jours Emile vient arroser ses fèves. Il les voit pousser avec des transports de joie. « Cela vous appartient, lui disais-je : vous avez mis là votre temps, votre travail et votre peine. Il y a dans cette terre quelque chose de vous-même que vous pouvez réclamer contre qui que ce soit. »

Un beau jour, ô spectacle ! ô douleur ! toutes les fèves sont arrachées, tout le terrain bouleversé. Mon ami Emile s'écrie : « Ah ! qu'est devenu mon travail, mon ouvrage ? qui m'a ravi* mon bien ? qui m'a pris mes fèves ? »

L'on découvre enfin que le jardinier a fait le coup. Mais nous voici loin de compte. Le jardinier se plaint plus haut que nous.

— Quoi, dit-il, c'est vous qui avez gâté mon œuvre ! J'avais semé là des melons, et c'est vous qui les avez détruits pour planter vos misérables fèves !

— Excusez-nous, mon pauvre Robert, vous aviez mis là votre travail, votre peine. Nous vous ferons venir d'autre graine de melons. et nous ne travaillerons plus la terre avant de savoir si quelqu'un n'y a point mis la main avant nous.

— Oh ! bien, messieurs, vous pouvez donc vous reposer, car il n'y a plus guère de terres en friche. Moi, je travaille à celle que mon père a fait valoir : chacun en fait autant de son côté, et toutes les terres que vous voyez sont occupées depuis longtemps.

— Accordez-nous, Robert, à mon petit ami et à moi, un coin de votre jardin pour le cultiver, à condition que vous aurez la moitié du produit.

— Je vous l'accorde sans condition, dit Robert. Mais souvenez-vous que j'irai labourer vos fèves, si vous touchez à mes melons.

J.-J. ROUSSEAU.

Réflexions. — Si la propriété n'existait pas, personne ne planterait un arbre dont un autre pourrait venir lui enlever les fruits ; personne ne construirait une maison qu'un autre prétendrait pouvoir habiter à sa place ; personne n'élèverait un cheval si son voisin pouvait s'en emparer ; personne ne sèmerait du lin pour en faire de la toile qui ne devrait pas lui servir.

Maxime. — La propriété est inviolable, comme la personne.

LEXIQUE

Fève . . . . Plante de la famille des légumineuses.
Melon. . . . Gros fruit sucré, d'un goût agréable, appartenant à la famille des cucurbitacées.
M a ravi . . M'a enlevé, m'a volé.

LE ROI DE PERSE

Un roi de Perse, certain jour,
Chassait avec toute sa cour.
Il avait soif, et, dans la plaine,
On ne trouvait point de fontaine.
Près de là seulement était un grand jardin
Rempli de beaux cédrats *, d'oranges, de raisin.
A Dieu ne plaise que j'en mange!
Dit le roi, ce jardin courrait trop de danger :
Si je me permettais d'y cueillir une orange,
Mes vizirs* aussitôt mangeraient le verger.

FLORIAN.

Réflexions. — Le bon exemple doit venir d'en haut : noblesse oblige! disait-on autrefois. On peut dire de nos jours : situation oblige!

Maxime. — Entre ton bien et celui de ton voisin, qu'il y ait toujours une muraille.

LEXIQUE

Cédrat . . . . Sorte de citron.
Vizir . . . . . Ministre du roi de Perse.

LE CHAMP D'ORGE

Pendant la guerre de Trente Ans avec l'Allemagne, un capitaine de cavalerie est commandé pour aller au fourrage. Il part à la tête de sa compagnie et se rend dans le quartier qui lui était assigné. C'était un vallon solitaire*, où l'on ne voyait guère que des bois. Il aperçoit une pauvre cabane, il y frappe : il en sort un religieux à la barbe blanche. « Mon père, lui dit l'officier, montrez-moi un champ où je puisse faire fourrager mes cavaliers. — Tout à l'heure, » reprit le vieillard. Ce brave homme se met à leur tête et remonte avec eux le vallon. Après un quart d'heure de marche, ils trouvent un beau champ d'orge : « Voilà ce qu'il nous faut, dit le capitaine. — Attendez un moment, leur dit son conducteur, vous serez contents. » Ils continuèrent à marcher, et ils arrivèrent à un quart de lieue plus loin, à un autre champ d'orge. La troupe aussitôt met pied à terre, fauche le grain, le met en trousse* et remonte à cheval. L'officier de cavalerie dit alors à son guide : « Mon père, vous nous avez fait aller trop loin sans nécessité : le premier champ valait mieux que celui-ci. — Cela est vrai, monsieur, reprit le bon vieillard, mais il n'était pas à moi. »

BERNARDIN DE SAINT-PIERRE.

Réflexions. — La probité peut suppléer à beaucoup d'autres qualités ; mais sans elle aucune n'a de valeur.

Maxime. — Le bien mal acquis ne profite jamais.

LEXIQUE

Solitaire . . . Qui est seul.
Trousse. . . . Faisceau de fourrage.

SENTIMENT DE LA PROBITÉ* CHEZ UN ENFANT DE SEPT ANS

Un bon villageois, nommé Jacques, devant quelque argent à un de ses voisins, lui offrit en paiement ses poules qui furent acceptées.

Les poules furent donc portées chez le voisin. Mais comme elles n'étaient point renfermées, le lendemain, lorsqu'elles voulurent pondre*, elles retournèrent chez Jacques déposer leurs œufs dans leur ancien poulailler*.

Le fils de Jacques, nommé Philippe, petit garçon âgé de sept ans au plus, était alors tout seul à la maison. Entendant glousser* ses poules chéries, il courut tout de suite au poulailler, fureta* dans la paille et trouva les œufs. « Ha ! ha ! se dit-il à lui-même, voilà de bons œufs frais que j'aime tant ! ma mère sera bien aise de les trouver à son retour ; elle les fera cuire, et nous les mangerons. Cependant, reprit-il un instant après, pouvons-nous bien retenir ces œufs? n'appartiennent-ils pas au voisin, comme nos pauvres poules? J'appris l'autre jour à l'école que l'on doit rendre une chose que l'on trouve à celui à qui elle appartient dès qu'on le connaît. Allons, allons, je n'attendrai pas que mes parents reviennent; je vais porter les œufs à leur maître. » En effet, il courut aussitôt frapper à la porte du voisin : « Tenez, lui dit-il en entrant, je vous apporte les œufs que vos poules viennent de pondre dans notre poulailler. — Et qui t'envoie ici? lui demanda le voisin. — Personne. — Quoi, tu m'apportes ces œufs sans que personne te l'ait commandé? — Vraiment, oui, mon père et ma mère ne sont point à la maison; je fais ce qu'ils m'auraient dit de faire, j'en suis sûr. — Et d'où vient que tu n'as pas attendu leur retour? — C'est qu'ils ne reviendront qu'à midi; et d'ici là, je n'avais pas le droit de retenir une chose que je sais être à vous. »

BARRAU.

Réflexions. — « La probité et la délicatesse nous frappent d'autant plus qu'elles se rencontrent dans une condition plus modeste et dans un âge plus tendre. » Ce que vous trouvez ne vous appartient pas; le conserver, c'est voler. Mieux vaut rester pauvre et honnête que de s'enrichir par des moyens déshonnêtes et indélicats.

Maxime. — Le bien d'autrui tu ne prendras, ou ne retiendras quand tu en connaîtras le propriétaire.

LEXIQUE

Probité. . . . Droiture du cœur qui porte à l'observation stricte et constante des lois de la justice.
Pondre . . . . Faire des œufs.
Poulailler. . . Bâtiment, abri pour les poules.
Glousser . . . Crier comme la poule qui a pondu.
Fureter. . . . Fouiller, chercher partout.

EXERCICES ORAUX ET ÉCRITS

1. Que feriez-vous si vous trouviez un objet ou une bourse?
2. Quelles sont les lois (civiles ou morales) qui vous obligent à rendre ce que vous avez trouvé?
3. Que pensez-vous des maraudeurs et de ceux qui refuseraient de rendre un objet trouvé?

PROGRAMME : *Respect de la parole donnée. — Délicatesse*

LA PAROLE DONNÉE

A l'époque où les Arabes étaient maîtres de l'Espagne, un cavalier espagnol irascible* et fougueux, à la suite d'une altercation* avec un jeune Maure, avait saisi un poignard qu'il portait à sa ceinture et, en frappant son adversaire, l'avait étendu mort à ses pieds. Le bruit de cet assassinat, promptement répandu, mettait les jours de l'Espagnol en péril, car déjà les Maures étaient sur la piste* du meurtrier. Ils étaient près de l'atteindre, lorsque celui-ci, escaladant un mur, sauta dans un jardin. Là, il se trouva en présence d'un vieillard. Se précipitant à ses genoux : « Sauvez-moi, lui dit-il, je viens de tuer un homme dans un moment de colère, et ses amis me poursuivent. — Vous êtes maintenant mon hôte, répliqua le vieillard, cette maison sera pour vous une retraite sûre et je pourvoirai à tous vos besoins. » Disant ces mots, le vieux Maure (car c'en était un) conduisit l'Espagnol dans un pavillon* et se retira. Quelques minutes s'étaient à peine écoulées que l'on vint annoncer au vieillard une sinistre nouvelle. Son fils avait été assassiné par un Espagnol. Aussitôt il devina la triste vérité. L'homme auquel il avait donné asile était celui qui l'avait privé de son fils unique*. Il eut un instant la pensée de se faire justice de ses propres mains. Mais il lui fallait pour cela violer les lois de l'hospitalité. Une lutte terrible s'engagea alors entre son cœur et son devoir. A la fin le devoir l'emporta. Il courut au pavillon et, s'adressant à son hôte, il lui demanda s'il était prêt à partir. Celui-ci, dans l'élan de sa reconnaissance, voulut saisir la main de son bienfaiteur pour la porter à ses lèvres ; mais le vieux Maure s'écria : « Arrière, malheureux, ne me touchez pas, vos mains sont souillées du sang de mon fils ; car c'est lui que vous avez tué. » L'Espagnol avait reculé d'épouvante : « Il ne m'appartient pas de punir votre crime, continua le vieillard, le serment que j'ai fait, je ne le violerai point. Je m'en remets à la justice de Dieu qui vous jugera. » Puis, emmenant l'Espagnol, il lui donna la meilleure mule qu'il put trouver dans ses écuries et le congédia.

Réflexions — Il en coûte parfois beaucoup de tenir sa parole, mais l'honnête homme, l'homme de cœur, fait d'abord son devoir tel que le lui dicte sa conscience.

Maxime. — Un honnête homme n'a qu'une parole, et sa parole vaut un écrit.

LEXIQUE

Irascible . . . Prompt à se mettre en colère.
Altercation. . Contestation.
Sur sa piste . Être sur ses traces.
Pavillon . . . Petit bâtiment isolé; tente terminée en pointe par le haut.
Unique. . . . Qui est seul.

RÉGULUS

Régulus, général romain, avait été pris par les Carthaginois, qui l'envoyèrent, après deux ans d'une dure captivité, traiter avec Rome, en lui annonçant que, s'il échouait dans ses négociations, il serait mis à mort à son retour. Sa mission n'aboutit pas : il conseilla même à ses amis de ne point traiter. Il reprit fièrement le chemin de sa prison et se mit à la disposition des Carthaginois, qui le firent périr. Il avait été fidèle à la parole donnée.

Voici un autre exemple non moins intéressant :

PORÇON DE LA BARBINAIS

Il est un courage plus méritoire peut-être et plus rare que celui du champ de bataille : c'est le courage civique, c'est-à-dire la froide intrépidité en face du danger, sans le stimulant de cette fièvre guerrière qui s'empare souvent du plus timide quand le canon tonne et quand les clairons jettent dans l'air leurs joyeuses fanfares. Notre histoire nous fournit de beaux traits inspirés par ce courage d'une nature particulière.

La ville d'Alger était, au XVIIe siècle, un repaire * de pirates*. Ces audacieux corsaires* sillonnaient la Méditerranée sur leurs légers navires attaquaient et mettaient au pillage les bâtiments de commerce qu'ils rencontraient. Parfois même ils faisaient des descentes sur les côtes de France, d'Espagne ou d'Italie, et emmenaient comme esclaves tous les malheureux qu'ils avaient pu faire prisonniers. Le sort de ces esclaves était affreux. Ils étaient condamnés aux plus rudes travaux et traités avec une brutalité révoltante.

Au nombre des captifs qui gémissaient dans les cachots du dey d'Alger se trouvait, au commencement du règne de Louis XIV, un Français nommé Porçon de la Barbinais, officier de la marine marchande, de qui le bâtiment avait été capturé * par les pirates. Le dey le fait un jour appeler, lui ordonne de partir pour la France et de proposer au roi Louis XIV un traité qui était tout à fait inacceptable, car ce chef de flibustiers* prétendait imposer ses conditions au fier et puissant monarque*. Porçon est prévenu que, s'il échoue dans sa négociation *, il aura la tête tranchée à son retour; s'il ne revient pas à Alger dans un délai fixé, six cents de ses compagnons de captivité périront décapités à sa place. Le malheureux officier fut donc conduit en France sur un navire algérien. Il se rendit à la Cour et fit connaître la mission dont il était chargé. Comme de juste, les ministres de Louis XIV pensèrent que le gouvernement du roi ne pouvait accepter l'humiliation de se laisser dicter des conditions par les flibustiers algériens, et Porçon fut éconduit. Il se rendit à Saint-Malo, sa patrie, embrassa ses parents et ses amis, puis, après avoir mis ses affaires en ordre comme un homme qui part pour un long voyage, il reprit la route d'Alger et y rentra avant l'expiration du délai prescrit. Aussitôt arrivé, il est conduit à la Kasbah, ou palais du dey. Celui-ci lui demande quelle est la réponse du gouvernement français. Porçon réplique, sans se troubler, que le roi de France ne juge pas à propos d'entrer en négociation avec lui, et il ajoute simplement que, n'ayant pas réussi dans sa mission, il vient s'offrir à la mort plutôt que de laisser périr ses compagnons de captivité.

Le dey aurait dû se laisser fléchir par cet acte héroïque d'abnégation*; il ordonne, au contraire, qu'on fasse venir le bourreau*, et Porçon de la Barbinais est aussitôt décapité*. Cet homme vaut Régulus, et nul ne le connaît.

GEORGES DURUY.

Réflexions. — Notre devoir est de ne jamais prendre d'engagements à la légère, mais, une fois qu'ils sont pris, nous devons les tenir, coûte que coûte. Agir autrement, serait manquer de délicatesse et de dignité.

Maxime. — Tout homme de courage est homme de parole.

LEXIQUE

Repaire	Lieu où se retirent les bêtes féroces et les brigands.
Pirate	Brigand de mer.
Corsaire . . .	Vaisseau monté par des pirates.
Capturer . . .	Prendre un navire ennemi; l'arrêter.
Flibustier. . .	Voleur, filou.
Monarque. . .	Roi ou empereur.
Négociation. .	Action de traiter une affaire avec quelqu'un.
Abnégation. .	Renoncement volontaire
Bourreau . . .	Celui qui est chargé d'exécuter les condamnés à mort.
Décapité. . .	Celui auquel on a coupé la tête.

LES CENT LOUIS DE TURENNE

Une nuit que Turenne passait sur le rempart de Paris, des voleurs arrêtèrent son équipage*; ils lui prirent tout ce qu'il avait sur lui et ne lui laissèrent qu'un diamant* auquel il était très attaché, sur la promesse qu'il leur fit de leur donner cent louis. Le lendemain, l'un d'eux fut assez hardi pour se présenter à son hôtel; il se fit introduire, quoiqu'il y eût une nombreuse compagnie: il s'approche de l'oreille de M. de Turenne, le fait souvenir de sa promesse de la veille, et en reçoit les cent louis qu'il était venu chercher.

M. de Turenne lui laissa le temps de s'éloigner, après quoi il conta son aventure à l'assemblée. Tout le monde parut surpris de son procédé. « Il faut être inviolable dans ses promesses, dit alors Turenne. Un honnête homme ne doit jamais manquer à sa parole, quoique donnée à des fripons. »

DE RAMSAY.

Maxime. — On ne doit jamais prodiguer une parole d'honneur.

LEXIQUE

Equipage . . . Chevaux, voitures, valets.
Diamant. . . . Pierre précieuse.

EXERCICES ORAUX ET ÉCRITS

1. Dites pourquoi celui qui manque à sa parole est méprisable.
2. Que pensez-vous de la conduite de Régulus et de Porçon de la Barbinais? Ont-ils mérité de la reconnaissance publique?
3. Devez-vous prendre des engagements ou faire des marchés à la légère, à brûle-pourpoint? Pouvez-vous y renoncer de même? Une telle conduite est-elle délicate et digne?

PROGRAMME : *Respect de l'honneur et de la réputation d'autrui*

LA MÉDISANCE

La médisance* est un feu dévorant qui flétrit tout ce qu'il touche, qui exerce sa fureur sur le bon grain comme sur la paille, sur le profane comme sur le sacré; qui ne laisse, partout où il a passé, que la ruine et la désolation; qui creuse jusque dans les entrailles de la terre et va s'attacher aux choses les plus cachées; qui change en de viles cendres ce qui nous avait paru, il n'y a qu'un moment, si précieux et si brillant; qui, dans le temps même qu'il paraît couvert et presque éteint, agit avec plus de violence et de danger que jamais; qui noircit ce qu'il ne peut consumer et sait plaire et briller quelquefois avant que de nuire.

La médisance est un orgueil secret qui nous découvre la paille dans l'œil de notre frère et nous cache la poutre qui est dans le nôtre; une envie basse qui, blessée des talents ou de la prospérité d'autrui, en fait le sujet de sa censure* et s'étudie à obscurcir l'éclat de tout ce qu'il efface ; une haine déguisée, qui répand sur ses paroles l'amertume cachée dans le cœur ; une duplicité* indigne qui loue en face et déchire en secret ; une légèreté honteuse qui ne sait pas se vaincre et se retenir sur un mot et qui sacrifie souvent sa fortune et son repos à l'imprudence d'une censure qui sait plaire ; une barbarie de sang-froid qui va percer notre frère absent ; un scandale pour ceux qui vous écoutent ; une injustice où vous ravissez à votre frère ce qu'il a de plus cher.

La médisance est un mal inquiet qui trouble la société, qui jette la dissension* dans les cités, qui désunit les amitiés les plus étroites, qui est la source des haines et des vengeances, qui remplit tous les lieux où elle entre de désordre et de confusion : partout ennemie de la paix, de la douceur et de la politesse. Enfin, c'est une source pleine de venin mortel ; tout ce qui en part est infecté* et infecte tout ce qui l'environne.

MASSILLON.

Réflexions. — On se repent toujours d'avoir trop parlé, rarement de s'être tu.

Maxime. — La réputation a la limpidité de l'œil que la moindre tache ternit.

LEXIQUE

Médisance . .	Révélation des fautes, des défauts d'autrui.
Censure . . .	Blâme du public.
Duplicité. . .	Etat de ce qui est double ; mauvaise foi.
Dissension. .	Discorde causée par la diversité des sentiments.
Infecté	Corrompu, gâté.

LA CALOMNIE

Quels ravages affreux
N'excite pas ce monstre ténébreux
A qui l'envie, au regard homicide,
Met dans la main son flambeau parricide,
Mais dont le front est peint avec tout l'art
Que peut fournir le mensonge et le fard !

Le faux soupçon, lui consacrant ses veilles,
Pour l'écouter ouvre ses cent oreilles;
Et l'ignorance, avec des yeux distraits,
Sur son rapport prononce nos arrêts.
Voilà quels sont les infidèles juges
A qui la Fraude, heureuse en subterfuges,
Fait avaler son poison infernal;
Et tous les jours, devant un tribunal,
Par les cheveux, l'Innocence traînée,
Sans se défendre est d'abord condamnée.

J.-J. ROUSSEAU.

LE MÉDISANT ET LE CALOMNIATEUR

Nous devons nous abstenir de porter atteinte à la considération dont jouissent nos semblables, de blesser le sentiment qui les porte à désirer l'estime publique, de nuire à leur réputation, à leur honneur, qui sont les biens les plus précieux de l'homme. Le médisant n'est aimé de personne, car il révèle sans nécessité et souvent par jalousie ou méchanceté, les fautes les plus légères, et cela, dans le but avoué de nuire à autrui. Voici ce qu'en dit Fléchier dans un de ses discours sur la médisance :

« Quelle joie secrète pour les ambitieux d'entendre les mauvais propos qu'on tient de ceux dont ils voudraient occuper la place! Quel plaisir même pour ceux qui, par crainte ou par bienséance, n'osent médire des personnes qu'ils n'aiment pas, de les entendre décrier sans hasarder de se décrier eux-mêmes! La médisance, ce vice détestable, convertit en poison tout ce que l'innocence la plus pure lui oppose pour le combattre: c'est un monstre à cent visages différents qui contrefait le langage de l'amitié, de la compassion, de la louange et de la pitié même. » Le médisant peut être la source de grands malheurs, il peut brouiller des amis et des familles, semer la discorde dans une société, dans une nation. Il prend toutes sortes de moyens pour atténuer la portée immédiate de ses paroles. Il parle d'une aventure qu'on vient de lui raconter et à laquelle il ne croit pas, mais... « il n'y a pas de fumée sans feu, » ajoute-t-il pour justifier ses paroles; ou bien il glisse un mot à l'oreille de son interlocuteur*, disant : « N'en parlez à personne, on a le temps de savoir cela. » D'autre fois, il fait un éloge excessif de la personne qu'il veut perdre, puis il ajoute tout de suite que personne n'est parfait. Et mille autres manières de nuire à la renommée d'autrui. Croyez-moi, mes bons amis, fermez l'oreille à la médisance et faites comme Platon* à qui l'on vint raconter un jour que Xénocrate* avait mal parlé de lui : « Je n'en crois rien, répondit-il. » On insista, il ne céda point. Son entourage offrit des preuves : « Il est impossible, répliqua-t-il, que je ne sois point aimé d'un homme que j'aime si tendrement. » Vous aurez aussi, mes enfants, le plus grand respect pour la mémoire des morts. Imitez cet homme d'Etat anglais qui répondit, quand on l'interrogea sur l'avarice dont était accusé Marlborough*, son ennemi défunt : « C'était un si grand homme que j'ai oublié s'il avait des défauts. » Le calomniateur, lui, ment dans le but de ternir la réputation d'autrui ; il invente et propage des faits qu'il sait être absolument faux et que néanmoins il donne comme absolument vrais. Il prend tous les masques, feint de constater à regret le mal qu'il invente, de porter intérêt à ceux qu'il déshonore, etc. Ce n'est pas sans raison qu'on a comparé la calomnie au serpent. Comme lui, elle se faufile en rampant, mord et se cache ; son venin tue parfois plus sûrement qu'une arme à feu. Vous avez entendu, sans doute, parler de Calas, dont la famille, à Toulouse, jouissait d'une grande réputation. Le fils aîné, Marc-Antoine, qui avait dédaigné de suivre les observations et les exemples de ses parents, résolut d'en finir avec la vie qui lui était devenue odieuse. Un matin, on le trouva pendu dans la cour, près de la maison de ses parents. On insinua que, pour des motifs de religion, c'était le vieux Calas qui avait fait mourir son fils. La calomnie gagna bientôt toute la ville, et le pauvre innocent Calas, conduit devant les juges, fut condamné à la mort la plus horrible. Le Tasse, qui fut un des plus grands poètes dont l'Italie s'honore, apprit un jour qu'il avait été calomnié par un jaloux. On lui révéla même, en l'engageant à la publier, une vilaine action de son calomniateur qui aurait porté la plus grande atteinte à l'honneur de celui-ci, si elle eût été rendue publique. Le Tasse répondit noblement : « Je n'ôterai à cet homme ni l'honneur, ni la vie ; mais je voudrais lui ôter seulement la volonté de faire du mal. » Mes enfants, veillez sur votre langage ; ne dites pas d'autrui ce que vous ne voudriez pas qu'il dise de vous. Abstenez-vous de dire même des choses vraies, plutôt que de mal parler du prochain.

Réflexions. — La calomnie tue parfois plus sûrement qu'une arme à feu. Veillons toujours sur notre langage : l'honneur se perd en un instant par la calomnie.

Maxime

L'honneur est comme une île escarpée et sans bords,
On n'y peut plus rentrer dès qu'on en est dehors.

LEXIQUE

Interlocuteur. Celui qui parle après un autre dans un dialogue ou avec un autre.
Platon . . . . Célèbre philosophe grec, mort en 387 av. Jésus-Christ.
Xénocrate . . Philosophe grec, disciple de Platon, mort en 314 av. J.-C.
Malborough . Fameux général anglais, gagna sur les Français les victoires de Hochstaedt, de Ramillies et de Malplaquet.

EXERCICES ORAUX ET ÉCRITS

1. Parlez de la différence qui existe entre la médisance et la calomnie. Pourquoi ne faut-il pas mal parler des absents ?
2. D'après vous, quelles peuvent être les funestes conséquences d'une calomnie ?
3. Devez-vous garder les secrets qu'on vous a confiés ? Est-il bien de regarder aux fenêtres, d'écouter aux portes et de lire des lettres qui ne vous sont pas adressées ?

Programme : *Le respect des opinions et des croyances. — Tolérance*

SOYEZ TOLÉRANTS

Nous appelons certains hommes sauvages, parce que leurs manières diffèrent des nôtres, que nous croyons le dernier degré de la politesse. Ils ont la même opinion des leurs. Un missionnaire suédois ayant assemblé les chefs indiens de la Susquehannah*, leur fit un sermon les instruisant des principaux faits historiques sur lesquels s'est fondée la religion chrétienne, tels que la chute de nos premiers ancêtres, quand ils mangèrent la pomme, la venue du Christ pour réparer le mal, ses miracles, ses souffrances, etc. Quand il eut achevé, un orateur indien se leva pour le remercier et lui dit : « Ce que vous venez de nous faire entendre est fort bien ; il est très mal de manger les pommes, il vaut mieux en faire du cidre. Nous vous remercions beaucoup de venir de si loin nous raconter ces choses que vos mères vous ont apprises. En retour, je vais vous faire connaître ce que nous tenons des nôtres :

— Autrefois, nos pères n'avaient pour se nourrir que la chair des animaux, et ils mouraient de faim quand leur chasse était infructueuse. Un jour, deux de nos jeunes chasseurs, ayant tué un daim, allumèrent un feu de bois pour en faire cuire une partie. Au moment où ils allaient satisfaire leur appétit, ils virent une belle jeune femme qui descendait des nuages et s'asseyait sur cette colline que vous voyez là-bas, près des montagnes bleues. Ils se dirent l'un à l'autre : « C'est peut-être un esprit qui a senti l'odeur de notre gibier grillé, et qui désire en manger. Si nous lui en offrions ? » Ils lui présentèrent la langue du daim. Elle trouva le mets de son goût et leur dit : « Votre bonté sera récompensée. Revenez ici lorsque treize lunes auront passé, et vous trouverez quelque chose qui vous sera très utile pour vous nourrir, vous et vos enfants, jusqu'à la dernière génération. Ils obéirent et, à leur grand étonnement, ils trouvèrent beaucoup de plantes qu'ils n'avaient jamais vues avant, mais qui, depuis ce temps, ont été constamment cultivées par nous, à notre grand profit. Là où la main droite de la jeune femme avait touché la terre, ils trouvèrent du maïs ; l'endroit où avait touché sa main gauche produisait des haricots, et celui où elle s'était assise du tabac. »

Le bon missionnaire qu'ennuyait ce conte ridicule, dit : « Je vous ai annoncé des vérités sacrées ; mais vous ne m'entretenez que de fables, de fictions * et de mensonges. » L'Indien offensé lui répondit : « Mon frère, il me semble que vos parents ne vous ont pas donné des leçons de justice, et qu'ils ont négligé de vous apprendre les règles de la politesse la plus élémentaire. Nous vous avons montré que nous comprenons et que nous pratiquons ces règles. Puisque nous avons cru vos histoires, pourquoi refusez-vous de croire les nôtres ? »

FRANKLIN.

Réflexions. — Ne pas tolérer les croyances et les opinions d'autrui, c'est une faute et une sottise. « Nul en France ne doit être inquiété pour ses opinions, même religieuses, pourvu que leur manifestation ne trouble pas l'ordre public établi par la loi. » Chacun peut professer le culte qui lui plait ou même n'en professer aucun s'il le veut, sans être inquiété par la loi française.

Maxime. — Voulez-vous que les autres respectent vos opinions? Respectez aussi les leurs.

LEXIQUE

Susquehannah. Rivière des Etats-Unis d'Amérique; se jette dans la baie de Chésapéake, après 200 kilomètres de cours.

Fiction . . . . . Invention fabuleuse.

LE PAUVRE COLPORTEUR

Le pauvre colporteur * est mort la nuit dernière;
Nul ne voulait donner des planches pour sa bière *;
Le forgeron lui-même a refusé son clou :
« C'est un juif, disait-il, venu je ne sais d'où,
Un ennemi du Dieu que notre terre adore,
Et qui, s'il revenait, l'outragerait encore ;
Son corps * infecterait un cadavre chrétien.
Aux crevasses du roc traînons-le comme un chien.
La croix ne doit point d'ombre à celui qui la nie,
Et ce n'est qu'à nos os que la terre est bénie. »
Et la femme du juif et ses petits enfants
Imploraient vainement la pitié des passants,
Et, disputant le corps au dégoût populaire,
Retenaient par les pieds le mort dans son suaire *.
Du scandale inhumain averti par hasard,
J'accourus, j'écartai la foule du regard :

Je tendis mes deux mains aux enfants, à la femme;
Je fis honte aux chrétiens de leur dureté d'âme,
Et, rougissant pour eux, pour qu'on l'ensevelît :
« Allez, dis-je, et prenez les planches de mon lit. »
Ces deux mots ont suffi pour retourner leur âme,
Et l'on se disputait les enfants et la femme.

LAMARTINE.

Réflexions. — Ce serait retomber dans l'esclavage que de nier la liberté de conscience comme la liberté individuelle. Malheur à celui qui contesterait ce droit; son nom serait celui d'un malhonnête homme.

Maxime. — On ne doit combattre l'opinion que par le raisonnement: on ne tire pas des coups de fusil aux idées.

LEXIQUE

Colporteur . . Petit marchand qui porte sa marchandise dans une boîte à son cou.
Bière . . . . . Cercueil.
Suaire . . . . Linge qui enveloppe un mort.

RESPECT DES CROYANCES

A la religion discrètement fidèle,
Sois doux, compatissant, sage, indulgent comme elle;
Et sans noyer autrui songe à gagner le port ;
La clémence a raison et la colère a tort.
Dans nos jours passagers, de peines, de misères,
Enfants du même Dieu, vivons au moins en frères;
Aidons-nous l'un et l'autre à porter nos fardeaux;
Nous marchons tous courbés sous le poids de nos maux;
Mille ennemis cruels assiègent notre vie,
Toujours par nous maudite, et toujours si chérie;
Notre cœur égaré, sans guide et sans appui,
Est brûlé de désirs, ou glacé par l'ennui;
Nul de nous n'a vécu sans connaître les larmes;
De la société les secourables charmes
Consolent nos douleurs, au moins quelques instants,
Remède encore trop faible à des maux si constants.
Oh! n'empoisonnons pas la douceur qui nous reste.
Je crois voir des forçats dans un cachot funeste
Se pouvant secourir, l'un sur l'autre acharnés,
Combattre avec les fers dont ils sont enchaînés.

VOLTAIRE.

PROGRAMME : *Charité. — Fraternité*

TOUS LES HOMMES SONT FRÈRES. — LE FORGERON

Le pauvre lui-même peut goûter le bonheur de faire le bien. M. C..., passant vers minuit devant l'atelier d'un pauvre forgeron, entend les coups redoublés de l'enclume; il entre et demande au laborieux * ouvrier le motif qui le retient ainsi à l'ouvrage jusqu'au milieu de la nuit.

« Ce n'est pas pour moi que je travaille, lui dit le forgeron ; c'est pour Pierre, mon voisin : le malheureux a été incendié, il est sur la paille avec ses enfants; sa misère me fait pitié. Je me lève deux heures plus tôt, je me couche deux heures plus tard; cela fait deux journées par semaine, dont je puis lui céder le produit; ce n'est que quelques coups de marteau de plus à donner. Si je possédais quelque chose, je le partagerais avec lui ; mais je n'ai que mon enclume *, et je ne puis pas la vendre, car c'est elle qui me fait vivre. — C'est fort bien, répond M. C...; mais croyez-vous que votre voisin Pierre soit jamais en état de vous rendre ce que vous lui donnez ? — Oh ! peut-être bien que non, je le crains plus pour lui que pour moi; mais, que voulez-vous ! chaque jour lui apporte sa peine ; au total, je n'en serai pas plus pauvre, et ses malheureux enfants ne seront pas morts de faim. Si c'était ma maison qui eût brûlé, je serais bien aise que Pierre en fît autant pour moi. »

Réflexions. — La charité nous fait un devoir d'oublier nos propres souffrances pour soulager celles de nos semblables.

Maxime. — Faites à autrui ce que vous voudriez qu'on vous fît.

LEXIQUE

Laborieux . . Qui aime à travailler.
Enclume . . . Masse d'acier sur laquelle on forge les métaux.

GÉNÉREUSE HOSPITALITÉ

Mon père avait pitié de tous les malheureux, et pas un mendiant ne s'éloignait de notre maison sans avoir reçu un morceau de bon pain. Si, à midi ou le soir, un pauvre frappait à la porte, mon père m'envoyait lui ouvrir et le faisait s'asseoir à notre table, où il recevait comme nous sa part du repas, assiettée de soupe, des légumes avec une portion de lard, du pain et un verre de vin. Pour la nuit, on lui préparait une chaude couche de paille à l'étable, près de la vache, avec un grand *plumon* pour le couvrir. Je me souviens toujours d'un vieux mendiant que mes frères et moi aimions beaucoup, et qui se considérait chez nous sans doute comme un peu de la famille. C'était un ancien soldat des guerres de l'Empire. Après le souper, celui-là nous prouvait sa reconnaissance en nous répétant pour la vingtième fois le récit de la bataille de Bautzen, où il avait gagné la médaille que nous admirions sur sa poitrine, au-dessous de sa belle barbe blanche.

Frédéric BATAILLE.

Réflexions. — Il n'est pas nécessaire de se connaître pour exercer la charité. Notre action n'est que plus méritoire si nous soulageons notre semblable uniquement parce qu'il est dans le malheur.

Maxime. — Regarde tous les hommes comme tes frères; aime-les, travaille pour eux et console-les.

CHARITÉ ET FRATERNITÉ

La charité, qui nourrit ceux qui ont faim, donne un abri et des vêtements à ceux qui ont froid, la charité qui soigne et console les malades, est digne de notre respect et de notre admiration.

Mais souvent ses bienfaits vont à l'encontre du but qu'elle se propose. Maintes fois, l'aumône, qui humilie et dégrade, engendre la fainéantise.

Combien croyez-vous qu'il y ait de véritables malheureux dignes d'intérêt dans cette foule de mendiants, pour la plupart capables de travailler, qui se presse, à certains jours, à la porte de ce château somptueux où l'on distribue des secours aux indigents? Les habitants de cette demeure princière sont bons, généreux, leur main est largement ouverte; mais leurs charités tombent souvent, sans discernement, sur des gens valides qui ont fait de la mendicité une profession.

Soulageons les malheureux

Voyez-vous cette usine dont les cheminées fument là-bas à l'horizon? Pénétrons ensemble dans cette ruche où bourdonne et s'agite l'essaim des travailleurs. Interrogeons ce contremaître. Il nous racontera qu'il y a quelques années, un brave ouvrier comme lui, ayant épargné quelque argent, grâce à un labeur opiniâtre et grâce à sa sobriété, monta une modeste fabrique qui bientôt prospéra et lui donna de gros bénéfices. Au lieu de se retirer et de manger ses revenus dans un bien-être égoïste, que croyez-vous que fit cet honnête homme? Il assembla ses ouvriers et leur annonça qu'il ne voulait garder de sa fortune que ce qu'il lui fallait pour vivre, et qu'il leur abandonnait l'usine, l'outillage, et mettait à leur disposition les capitaux nécessaires à la fabrication.

Depuis ce moment, les ouvriers n'ont plus de patron; ils sont associés entre eux et jouissent tous des mêmes droits. Ils choisissent parmi eux des administrateurs, des contremaîtres pour un temps déterminé. Si l'entreprise est en perte, ces pertes sont supportées par le capital commun; si des gains sont réalisés, après en avoir mis une partie en réserve, ils se les partagent équitablement et chacun reçoit une part proportionnée au travail qu'il a fourni. Naturellement, il n'est plus question de pauvres dans une pareille société. Ils ont des écoles, une bibliothèque, des bains, des salles de fêtes, tout le bien-être, en un mot, que seule peut donner, sans grands frais, l'association.

L'homme à qui ils doivent ces bienfaits était un grand cœur et une grande intelligence. Il s'appelait Godin. Le sentiment qui lui a inspiré ce généreux sacrifice est celui de la FRATERNITÉ.

CH. BEAUQUIER.

Maxime. — Aidons-nous mutuellement, la charge des malheurs en sera plus légère.

L'AUMONE

Donnez, riches! l'aumône est sœur de la prière.
Hélas! quand un vieillard, sur votre seuil de pierre,
Tout raidi par l'hiver, en vain tombe à genoux;
Quand les petits enfants, les mains de froid rougies,
Ramassent sous vos pieds les miettes des orgies,
La face du Seigneur se détourne de vous.

Donnez! il vient un jour où la terre vous laisse;
Vos aumônes, là haut, vous font une richesse.
Donnez! afin qu'on dise : « Il a pitié de nous! »
Afin que l'indigent que glacent les tempêtes,
Que le pauvre qui souffre à côté de vos fêtes,
Au seuil de vos palais fixe un œil moins jaloux.

VICTOR HUGO.

Maxime. — Le bien que l'on fait à son frère, pour le mal que l'on souffre, est un soulagement.

EXERCICES ORAUX ET ÉCRITS

1. Qu'entend-on par charité et fraternité? Faites voir par des exemples ce que doivent être ces vertus républicaines.
2. On dit que : « tous les hommes sont frères. » Dites alors ce que chacun doit faire pour ses semblables.
3. Prouvez que le dévouement n'est qu'une forme de la charité et de la fraternité.

PROGRAMME : *La solidarité*

LES DEUX PÈRES DE FAMILLE

Deux hommes étaient voisins et chacun d'eux avait une femme et plusieurs petits enfants, et leur seul travail pour les faire vivre.

Et l'un d'eux s'inquiétait en lui-même, disant : « Si je meurs ou si je tombe malade, que deviendront ma femme et mes enfants? »

Et cette pensée ne le quittait point, et elle rongeait son cœur comme le ver ronge le fruit où il est caché.

Or, bien que la même pensée fût également venue à l'autre, il ne s'y était point arrêté; car, disait-il, Celui qui connaît toutes ses créatures et qui veille sur elles veillera aussi sur moi, sur ma femme et sur mes enfants.

Il vivait tranquille, tandis que le premier ne goûtait pas un seul instant de repos ni de joie intérieurement.

Un jour qu'il travaillait aux champs, triste, abattu, à cause de sa crainte, il vit quelques oiseaux entrer dans un buisson, en sortir et puis bientôt y revenir encore. S'étant approché, il vit deux nids posés côte à côte, et dans chacun plusieurs petits nouvellement éclos et sans plumes.

Quand il fut retourné à son travail, de temps en temps il levait les yeux et regardait ces oiseaux qui allaient et venaient portant la nourriture à leurs petits. Or, au moment où une des mères rentrait avec sa becquée, un vautour * la saisit, l'enlève, et la pauvre mère, se débattant vainement sous sa serre*, jetait des cris perçants.

A cette vue, l'homme qui travaillait sentit son âme plus troublée qu'auparavant; car, pensait-il, la mort de la mère, c'est la mort des enfants. Les miens n'ont que moi non plus. Que deviendront-ils si je leur manque !

Et, tout le jour, il fut sombre et triste. Et, la nuit, il ne dormit point. Le lendemain, de retour au pré, il se dit : « Je veux voir les petits de cette pauvre mère;

plusieurs sans doute ont déjà péri, » et il s'achemina vers le buisson.

Il vit les petits bien portants ; pas un ne semblait avoir pâti *. Ceci l'ayant étonné, il se cacha pour observer ce qui se passait. Après un peu de temps, il entendit un léger cri ; il aperçut la seconde mère, rapportant en hâte la nourriture qu'elle avait recueillie, elle la distribua à tous les petits indistinctement. Il y en eut pour tous : les orphelins ne furent point délaissés dans leur misère.

Le père raconta le soir à son voisin ce qu'il avait vu. Celui-ci lui dit : « Pourquoi s'inquiéter ?...

Aux petits des oiseaux Dieu donne la pâture
Et sa bonté s'étend sur toute la nature.

» Espérons et poursuivons notre route en paix. Si je meurs avant vous, vous serez le père de mes enfants ; si vous mourez avant moi, je serai le père des vôtres.

» Et si l'un et l'autre nous mourons avant qu'ils soient en âge de pourvoir eux-mêmes à leurs nécessités, ils auront pour père le Père qui est dans les Cieux et pour mère la Société qui prend soin de tous ses enfants. »

D'après LAMENNAIS.

Réflexions. — Le travail de chacun profite à tous. Les inventions des savants profitent à tous les hommes et la communauté de leurs intérêts fait la prospérité des uns et des autres.

Maxime. — Unissez-vous ; n'êtes-vous pas tous des frères ? Portez donc en commun vos communes misères.

LEXIQUE

Vautour . . . Gros oiseau de proie.
Serre . . . . . Griffe des oiseaux de proie.
Pâti . . . . . . Avoir pâti, c'est-à-dire avoir souffert.

L'AVEUGLE ET LE PARALYTIQUE

Ils étaient deux malheureux, bien cruellement éprouvés. L'un avait des jambes, mais pas d'yeux ; il pouvait marcher, mais non pas se conduire. L'autre avait des yeux, mais pas de jambes; il pouvait se conduire, mais non pas marcher. Ils unissent leurs misères, au lieu de rester chacun tout seul et impuissant. L'aveugle prit sur ses épaules le paralytique et se chargea de le porter, et le paralytique, de son côté, se chargea de conduire l'aveugle.

Charles BIGOT.

Maxime. — L'union fait la force.

L'ANE ET LE CHIEN

Il se faut entr'aider, c'est la loi de nature.
L'Ane, un jour, pourtant s'en moqua,
Et ne sais comme il y manqua,
Car il est bonne créature.
Il allait par pays, accompagné du Chien,
Gravement, sans songer à rien,
Tous deux suivis d'un commun maître.
Ce maître s'endormit, l'Ane se mit à paître;
Il était alors dans un pré
Dont l'herbe était fort à son gré.
Point de chardons pourtant, il s'en passa pour l'heure,
Il ne faut pas toujours être si délicat ;
Et faute de servir ce plat,
Rarement un festin demeure.
Notre baudet * s'en sut enfin
Passer pour cette fois. Le Chien, mourant de faim,
Lui dit : « Cher compagnon, baisse-toi, je te prie :
Je prendrai mon dîner dans le panier au pain.
Point de réponse, mot : le roussin d'Arcadie
Craignit qu'en perdant un moment
Il ne perdît un coup de dent.
Il fit longtemps la sourde oreille.
Enfin, il répondit : « Ami, je te conseille
D'attendre que ton maître ait fini son sommeil :
Car il te donnera, sans faute, à son réveil,
Ta portion accoutumée;
Il ne saurait tarder beaucoup. »
Sur ces entrefaites, un loup
Sort du bois, et s'en vient, autre bête affamée.
L'Ane appelle aussitôt le Chien à son secours.

Le chien ne bouge et dit « Ami, je te conseille
De fuir en attendant que ton maître s'éveille ;
Il ne saurait tarder : détale vite et cours.
Que si le loup t'atteint, casse-lui la mâchoire :
On t'a ferré de neuf, et, si tu veux m'en croire,
Tu l'étendras tout plat. » Pendant ce beau discours,
Seigneur Loup étrangla le baudet sans remède.
Je conclus qu'il faut qu'on s'entr'aide.

LA FONTAINE.

Réflexions. — On récolte ce que l'on a semé : nos bonnes actions nous attirent des sympathies et nos mauvaises actions les éloignent et nous laissent isolés pour les luttes de la vie.

Maxime. — Il faut, autant que possible, obliger tout le monde.

LEXIQUE

Baudet. . . . Roussin d'Arcadie, expression qui signifie l'âne.

EXERCICES ORAUX ET ÉCRITS

1. Montrez que le travail de l'un profite à tous dans la société.
2. Développez cette maxime : « l'union fait la force » et montrez ce que peuvent les associations.
3. Quels bienfaits procurent les assurances en général, les sociétés financières créées dans le but d'exploiter quelques grandes entreprises d'utilité publique : chemins de fer, canaux, etc., etc.?

PROGRAMME : *Bienveillance et reconnaissance*

LE BIENFAITEUR IGNORÉ

Devant un des plus brillants étalages* de Paris, un vieillard était arrêté, contemplant les magnifiques pâtisseries qui s'offraient à sa vue. Rien en lui n'annonçait l'indigence, et pourtant son regard semblait dire qu'il était plutôt tourmenté par la faim que par un désir sensuel.

Il était sept heures du soir. Des jeunes gens, qui sortaient fort gaiement d'un restaurant voisin, le remarquèrent et furent frappés de la singulière expression de sa physionomie. Après qu'ils se furent un instant concertés, l'un d'eux se baissa, puis se relevant, il frappa doucement sur l'épaule du vieillard : « Monsieur, dit-il, vous venez de laisser tomber ceci. » Après lui avoir remis un petit papier, il s'éloigna rapidement.

Le vieillard l'ouvrit d'une main tremblante. Il y trouva une pièce de vingt francs!... Quelle manière délicate de faire la charité!...

Maxime. — Soyez humains, c'est votre premier devoir.

LE BOUQUET DE VIOLETTES

Une marchande de bouquets était installée sur la place publique d'une ville. A ses côtés se trouvait un jeune aveugle qui attendait l'obole des passants. Une charmante jeune fille, d'une dizaine d'années, arrive avec sa bonne.

Elle voit les petits bouquets de violettes qu'au printemps on offre pour un sou. Tout de suite, elle en prend un, piqué dans la mousse, et en respire le frais et pénétrant parfum en jetant sur la table une pièce de dix centimes :

« Rendez-moi un sou, dit-elle à la marchande.

— C'est deux sous, répond celle-ci un peu cavalièrement.

— Deux sous! s'écrie l'enfant choquée, c'est trop cher. » Puis, après l'avoir de nouveau respiré, et, comme dans un adieu de regrets, elle replante le petit bouquet dans la mousse, reprend fièrement ses deux sous et... les jette dans la sébile* de l'aveugle, réalisant trois actes à la fois dans un mouvement spontané : une leçon à l'avidité de la marchande, une charité charmante, un triomphe sur sa sensualité.

L'enfant semblait dire en s'éloignant heureuse : « Je ne suis pas assez riche pour m'accorder un plaisir si coûteux; soulageons d'abord les malheureux! »

Maxime. — La bienveillance est une clef d'or qui ouvre tous les cœurs.

TRAIT DE RECONNAISSANCE

Un jeune homme, élevé dans un hospice des enfants trouvés, où il était connu sous le nom de Pierre, fut envoyé, avec d'autres camarades, au sortir de l'enfance, à Saint-Quentin, pour y être nourri dans une famille bourgeoise, moyennant une faible rétribution.

Au bout de quelques années, on vint retirer les enfants des mains de ceux qui s'en étaient chargés. Par un stratagème* resté inconnu, Pierre, qui s'était attaché à ses parents adoptifs, trouva le moyen de s'échapper et de revenir chez ses hôtes qu'il ne voulait plus quitter.

Là, on lui apprit un métier, sans autre but que de faire une bonne action. Cette famille ne tarda pas à en être récompensée, et voici en quelle circonstance :

Un créancier impitoyable exigea le paiement d'une somme modique que lui devaient les bienfaiteurs de Pierre. Pour se mettre à l'abri des poursuites dont ils étaient menacés, ils résolurent de vendre une partie de leur argenterie.

C'est à Pierre que l'on confia le soin de cette vente ; mais il dit à cette famille de ne point se presser de vendre son argenterie, qu'il travaillera à la tirer d'embarras par d'autres moyens.

Immédiatement il va trouver un colonel d'artillerie, s'engage dans son régiment, et reçoit le prix de sa liberté, qu'il apporte sans retard à ses bienfaiteurs.

« Tenez, dit-il, il y a longtemps que j'avais envie de servir ma patrie, et pour vous prouver que je ne suis point ingrat, je viens de me satisfaire. Acquittez votre dette. »

Les hôtes de Pierre, fondant en larmes, l'embrassèrent et voulurent le forcer à reprendre son argent. Rien ne put ébranler sa résolution. Il est parti au service du pays, emportant l'estime de tous les habitants de Saint-Quentin.

Réflexions. — La manière de donner vaut mieux que ce que l'on donne. Donnez avec délicatesse sans faire rougir celui qui reçoit. Tous les hommes, étant frères, doivent, comme tels, se secourir et s'aimer mutuellement. Un bienfait reçu doit être suivi d'un autre bienfait : ne soyez point ingrats. L'ingratitude est le plus noir de tous les vices.

Maxime. — Se montrer reconnaissant d'un bienfait, c'est prouver qu'on en était digne.

LEXIQUE

Etalage. . . . Exposition de marchandises.
Sébile. . . . . Ecuelle de bois ronde et creuse.
Stratagème. . Finesse, subtilité, tour d'adresse.

EXERCICES ORAUX ET ÉCRITS

1. Comment faut-il faire l'aumône?
2. Faut-il se priver pour soulager autrui?
3. Y a-t-il plusieurs manières de faire la charité? Faites-les connaître.

Programme : *Le dévouement, forme suprême de la charité*

MADEMOISELLE CLÉMENTINE RYDER

Après avoir donné on se donne. Le bien est un engrenage : une fois le cœur pris, il faut que tout l'être y passe.

Mlle Clémentine Ryder est née à Dieppe en 1830. Elle a donc aujourd'hui plus de 63 ans. Elle était sans fortune et l'aînée de douze enfants qu'elle a élevés d'abord, soutenus ensuite. Mais ceci n'est rien dans sa vie. A vingt ans, elle entra comme institutrice dans une famille riche. Pour elle, c'était le luxe; pour ses parents, l'aisance; elle eût pu s'en tenir là; mais le bien qu'elle ne fait pas la tourmente. Aux heures de loisir, elle visitait les malades chez eux; elle finit par se glisser dans les hôpitaux; puis, ses pauvres augmentant, ses ressources diminuant, elle en arrive insensiblement à sacrifier à sa vertu, exigeante comme un vice, sa situation, son bien-être et jusqu'à sa fierté; elle demande l'aumône pour faire l'aumône... elle mendie!

Ce n'est pas tout. Au bout de quelque temps,

Mlle Ryder, dont l'intelligence n'est pas moins grande que le cœur, se dit qu'au lieu de secourir la misère, mieux vaudrait peut-être la prévenir*, et elle rêva de recueillir les enfants abandonnés, ceux que le vice tient déjà ou qu'il guette, et parmi ceux-là les plus exposés : les petites filles. En 1877, dans une rue d'Amiens, elle fonda une « maison de refuge pour les mineures sans ressources. » Quand je dis « fonda, » je devrais dire « ouvrit; » et quand je dis « maison, » je devrais dire « boutique. » Elle y amena d'abord deux petites malheureuses ramassées dans la rue. Puis d'autres, puis d'autres encore. Et à mesure que ce petit monde s'entassait dans l'asile étroit, il fallait se serrer, partager, s'entr'aider. Mais la directrice avait déjà su établir entre ces enfants un courant d'émulation tel que pour eux la privation était une gourmandise, et le sacrifice une récompense. Quand on était sage, on pouvait donner un de ses matelas à une nouvelle venue, et quand on était très... oh ! mais alors très sage, la moitié de son maigre repas. Puis peu à peu le succès vint, l'œuvre grandit; l'échoppe* devint réellement une maison; au lieu d'une douzaine d'enfants, Mlle Ryder en eut vingt, trente, cinquante à soigner, à habiller, à instruire. Elle n'avait, du reste, aucune ressource. Comment faisait-elle ? Je l'ignore : tout ce que j'en sais, c'est que chaque matin on la voyait, comme on la voit encore, par la ville, poussant devant elle une voiture à bras, s'arrêtant devant les fournisseurs charitables ou faciles, récoltant ou achetant à bas prix les déchets de leurs comestibles* et les morceaux inférieurs. Le reste est le secret du dévouement. Aujourd'hui, elle a soixante-dix pensionnaires. De ressources, bien entendu, pas davantage. Croyez-vous pour cela qu'elle ferme sa porte ? Elle l'ouvre, au contraire, plus grande que jamais. Et ce ne sont plus seulement les mineures abandonnées qu'elle accueille à présent, mais toutes celles qu'on lui amène, les vicieuses, les incurables, celles que leurs parents ne peuvent nourrir, celles que les hospices repoussent, celles que les écoles rejettent. Tout ce qui fait qu'on les refuse fait qu'elle les accepte. Il n'y a même plus d'âge qui tienne : les enfants à la mamelle sont reçus comme les filles majeures. Elle ne devrait pas le faire, je ne devrais pas le dire; mais je n'ai pas peur qu'on la déclare en contravention, et je le dis tout de même.

Et comme elle les aime, ces enfants qui l'appellent leur mère! Elle panse* leur corps, elle éveille leur esprit, elle ouvre leur cœur, elle les lave de toutes les fanges, elle leur apprend qu'il y a un Dieu bon, un Dieu juste, un Dieu d'amour et de charité; elle le leur enseigne par ses leçons, elle le leur prouve par son exemple. Et comme elle en est fière, de cette progéniture* de son âme! Quand on entre dans son asile, elle vous montre les dernières venues, au teint flétri, aux yeux creux, aux traits tirés. « Voilà comme je les prends, » dit-elle. Puis, désignant les joues rosées, l'œil limpide, l'air modeste des plus anciennes : « Voilà comme je les rends! »

Vous le voyez, la maison de Mlle Ryder est à la fois un asile, un hôpital, une école, un ouvroir* et un couvent; car elle est pieuse, ai-je besoin de le dire? Sa piété n'est pas étroite. Aucune restriction ne borne son dévouement. Elle ne demande ni d'où l'on vient, ni ce qu'on pense, ni ce qu'on est, mais si l'on souffre.

Aussi tous admirent sa charité. L'Eglise la protège, la Préfecture la recommande; elle les a réconciliées dans le bienfait, et ce n'est pas là, croyez-moi, le moindre miracle qu'aura opéré la vertu.

PAILLERON.

(Tiré du *Discours sur les Prix de Vertu,* prononcé à l'Académie française le 20 novembre 1884.)

Réflexions. — Rien n'est plus louable que de sacrifier sa vie pour soulager la misère d'autrui. Une si noble vie mérite une reconnaissance et une gloire éternelles.

Maxime. — La plus noble des joies qu'un homme puisse éprouver, c'est de se dévouer pour ses semblables.

LEXIQUE

Prévenir . . . Devancer, faire avant, informer, avertir.
Echoppe. . . . Petite boutique en planches.
Comestible . . Tout ce qui est propre à la nourriture de l'homme.
Panser . . . . Soigner, appliquer à une plaie les remèdes nécessaires.

Progéniture. . Les enfants, les petits d'une même famille.
Ouvroir . . . . Etablissement de bienfaisance où l'on procure de l'ouvrage aux jeunes filles et aux femmes pauvres.

BEAU TRAIT D'HUMANITÉ

Il y a près de trente ans de cela, nous avons eu une querelle avec les Russes, et nous sommes allés chez eux en Crimée. Il y avait eu un combat ; le soir, deux blessés se trouvaient étendus côte à côte sur le champ de bataille. On n'avait pas eu le temps de les relever. L'un était un Français, l'autre était un Russe. Ils souffraient cruellement ; ils essayèrent de parler, et, s'ils ne se comprirent pas beaucoup, ils se témoignèrent du moins de l'amitié, ce qui adoucit leurs maux.

La nuit vint, un des deux s'endormit. Le matin, quand il se réveilla, il vit sur lui un manteau qu'il ne connaissait pas. Il chercha son voisin ; celui-ci était mort, et, au moment de mourir, il avait ôté son manteau et l'avait étendu sur son compagnon de misère.

Savez-vous quel est celui qui a fait cela ? Je le vois dans vos yeux ; vous avez envie que ce soit le Français ! Eh bien ! soyez contents : c'était le Français.

E. BERSOT.

Réflexions. — Quand le malheur frappe les hommes, combien il leur est doux de se rappeler qu'ils sont frères et de se tendre la main.

Maxime. — Puisque les hommes sont frères, ils doivent être toujours prêts à se dévouer l'un pour l'autre.

LEXIQUE

Crimée. . . . Contrée au sud de la Russie.

MADEMOISELLE DÉTRIMONT

Il y a peu d'années, dans une commune du département de la Seine-Inférieure, une maladie épidémique, ayant tous les caractères du typhus*, s'était déclarée dans une maison qu'habitait une pauvre famille composée de onze personnes.

En six jours, la grand'mère et deux de ses petits-enfants avaient succombé. Un mois après, la mère mourut et deux autres de ses enfants la suivirent à sept ou huit jours d'intervalle.

Jacques Vasselin, chef de cette famille infortunée, restait seul avec quatre enfants, et ils étaient tous les cinq attaqués du mal qui avait déjà frappé six victimes sous leurs yeux.

Effrayés de tant de morts si promptes et qui s'étaient succédé si rapidement, les parents, les amis, les voisins n'osaient approcher de Vasselin et de ses enfants. Abandonnés de tous, ils semblaient condamnés à périr sans espoir de secours.

Mlle Détrimont, qui habitait une commune voisine, informée de ces faits par la rumeur publique*, vint s'offrir au maire de la commune pour donner aux restes de cette famille infortunée les secours qui leur étaient refusés de toutes parts.

Le maire accepta son offre avec attendrissement; mais il ne crut pas devoir lui cacher le danger qu'elle allait courir. « Je sais à quoi je m'expose, répondit-elle; mais je ne puis laisser périr cinq malheureux ainsi abandonnés : quand on sert Dieu et ses pauvres, on ne craint pas la mort! »

Et elle alla s'enfermer dans la maison infectée* où gisaient entassés Vasselin et ses quatre enfants. Un de ces derniers mourut. Mlle Détrimont l'ensevelit et porta son corps dans la cour de la maison, seul endroit dont on osât s'approcher. Grâce à ses soins actifs et constants*, secondant l'effet des médicaments qui lui furent envoyés, elle eut enfin le bonheur d'arracher à une mort certaine Vasselin et les trois enfants qui lui restaient.

Réflexions. — On éprouve la plus grande satisfaction à secourir son prochain dans le malheur. L'âme généreuse donne sa santé, sa vie même, lorsqu'elle a épuisé sa bourse.

Maxime. — Qui donne aux pauvres prête à Dieu.

LEXIQUE

Typhus . . . . . . Fièvre contagieuse qui atteint un grand nombre d'individus à la fois.
Rumeur publique. Bruits qui courent dans la foule.
Infecté . . . . Corrompu, gâté.
Constant. . . . . . Qui a de la fermeté, qui ne varie pas, qui est certain.

EXERCICES ORAUX ET ÉCRITS

1. L'aumône est-elle la seule forme de la charité? Appuyez votre réponse par des exemples.
2. Les médecins, les infirmiers et d'autres personnes, n'ont-elles pas une vie toute de dévouement?
3. Qu'entend-on par dévouement? Citez plusieurs exemples remarquables de dévouement.

PROGRAMME : *Différence entre le devoir et l'intérêt, caractère impératif et désintéressé du devoir*

JEAN VIGIER

Jean Vigier, le plus jeune de quatre frères, était fils d'une pauvre veuve, née dans l'aisance et presque dans la richesse, et que des malheurs de commerce, suivis des plus nobles sacrifices, avaient fait descendre, par degrés, d'une position élevée dans la misère la plus profonde. La maladie était venue se joindre encore à la misère et accroître pour elle l'impossibilité d'en sortir.

Pleins d'intérêt pour cette pauvre femme, et surtout pour son jeune fils Jean, dont les études donnaient de bonnes espérances, deux hommes de bien veillaient sur elle et sur lui : le préfet du Cantal (car ceci se passait à Aurillac) et le curé de Notre-Dame-des-Neiges. Mais ces deux honorables protecteurs, dans l'intérêt du jeune Vigier, ne pouvant suffire à la fois à soutenir le ménage de la veuve et à faire suivre à l'enfant les études qui devaient le rendre à son tour le soutien de sa mère, se concertèrent entre eux et résolurent enfin un jour de faire entrer la pauvre veuve à l'hospice. Il fallait prévenir de cette résolution le jeune Vigier, qui suivait tranquillement ses études au collège, et qui se doutait à peine du dénuement * de sa mère; le curé s'en chargea ; il alla au collège le chercher, et l'enfant sortit avec lui, après s'être paré de ses habits les plus neufs, comme pour une promenade ou une partie de plaisir. Le curé l'amena chez lui, le fit monter dans son oratoire *, et, empêché un moment pour quelque affaire survenue d'y monter lui-même, il lui recommanda de ne pas toucher à son bréviaire *.

La première chose que fit l'enfant, ce fut de prendre le bréviaire et de l'ouvrir.

Il en tombe un papier qu'il ramasse. Que voit-il? le nom de sa mère! C'était le billet de l'hôpital.

Frappé d'un coup si inattendu, en proie à un saisissement singulier et nouveau, que de choses se révèlent à lui, dont il n'avait pas la moindre idée! Il venait de comprendre le malheur, il se sentit tout à coup mûr. Il devint homme en ce moment. Il avait neuf ans et demi. Il sort sans être vu de personne, va au collège reprendre ses habits de tous les jours, et revient ensuite dans l'oratoire. Le curé, qui était monté après son départ, s'aperçut bien vite que l'enfant avait cédé à la curiosité, il s'inquiétait de son absence, et, quand il le vit rentrer, il ne put s'empêcher de lui dire avec douceur : « Tu as péché par curiosité, pauvre enfant; mais tu as été puni par ton péché même, et tu es allé te cacher pour pleurer.

— Non, Monsieur, je n'ai pas pleuré. Je sais tout. Ma mère n'ira point à l'hôpital. Elle y mourrait de chagrin. Je ne rentrerai point au collège. Je resterai avec ma mère, je soutiendrai ma mère. »

Le curé, frappé d'une résolution si inattendue de la part d'un enfant de si jeune âge, et exprimée par une énergie si remarquable et toute surnaturelle, après lui avoir fait lui-même des observations qui échouèrent devant une invincible* fermeté, appela à son aide des personnes considérables d'Aurillac, amies de la famille de l'enfant, qui échouèrent à leur tour. Et quand on cherchait à lui faire comprendre qu'en suivant ses études, il pouvait être un jour bien plus utile à sa mère, il n'avait qu'une réponse : « Ma mère n'ira pas à l'hôpital ; ma mère, accoutumée à un autre sort, y mourrait de chagrin. Ma mère n'a de consolation que moi, je ne l'abandonnerai pas. Je ne retournerai pas au collège. »

Jean fit venir chez le curé ses trois frères, qui étaient ses aînés et gagnaient déjà leur vie. Il leur proposa de soutenir avec lui leur mère ; il restèrent froids. Il leur demanda alors du moins quelques avances, il leur promit, avec l'accent de la vérité, qu'il les leur restituerait plus tard. Ils restèrent froids encore, et puis ils dirent qu'ils ne le pouvaient pas. Jean laissa partir ses trois frères sans leur faire de reproches. Il renferma dans lui seul son espérance. Il se sentit presque fier de ne pouvoir plus compter que sur lui-même ; sa résolution devint d'autant plus irrévocable. Il fit vendre ses habits neufs et sa montre d'or que le préfet lui avait donnée un jour de triomphe au collège.

Il se fit porteballe *, il vendit des gâteaux, des joujoux d'enfants ; il gagna du pain, il donna un lit à sa mère.

En 1837, époque où l'héroïsme filial de cet enfant fut signalé, dix-neuf ans s'étaient écoulés depuis le jour où se passaient ces premières scènes touchantes, et, depuis dix-neuf ans, le sacrifice volontaire s'était accompli sans interruption. Jean Vigier n'avait pas cessé d'être le modèle du plus parfait dévouement. Il n'avait pas quitté un moment la pauvre veuve malade. C'était toujours sur son bras qu'elle s'appuyait quand elle allait, par un jour de soleil, glaner dans les champs. Il avait tout refusé pour ne pas s'éloigner ni d'elle ni de sa ville natale où son sort était si loin d'être heureux et en rapport avec les besoins et les goûts de son âge. A combien d'humiliations ne s'est-il pas soumis pour en épargner une à sa mère ! Plein de fierté au fond de l'âme, il a consenti, pour rester près d'elle, à servir comme commissionnaire dans une hôtellerie *, c'est-à-dire dans le lieu où l'on est le plus en butte au mépris, aux caprices, aux insolences. Lorsque, jetant un coup d'œil en arrière, il pouvait se souvenir qu'il avait été dans l'aisance, que, s'il avait suivi le cours de ses études au collège, il aurait pu reprendre dans le monde la place que la mauvaise fortune lui avait ôtée, oh ! il devait avoir besoin de penser à la cause de son sacrifice, et cette pensée le lui rendait cher et doux. Pour supporter avec constance et douceur une telle vie, alors qu'on pouvait la choisir meilleure et que chaque jour encore on pourrait s'y soustraire ; quand on met sous ses pieds les mobiles des actions ordinaires, l'intérêt, la vanité, quand on résiste même aux entraînements de la jeunesse, il faut plus que la tendresse filiale, il faut plus que le devoir et l'amour, il faut toute la force et toute la puissance de la vertu.

L. DE JUSSIEU.

Réflexions. — Celui qui se dévoue pour ses parents éprouve en son cœur la joie que procure toujours le devoir accompli. Notre intérêt le plus cher, c'est la vie de ceux à qui nous devons le jour.

Maxime. — Dans la vie, nous devons aller vers ceux qui souffrent et faire pour eux, sans hésiter, les sacrifices que réclame leur misère.

LEXIQUE

Dénuement. . Grande pauvreté ; état voisin de la misère.
Oratoire . . . Lieu où l'on se retire pour prier, dans certaines maisons.
Bréviaire. . . Livre de prières.
Invincible . . Qui ne peut être vaincu.
Porteballe . . Petit marchand ambulant.
Hôtellerie . . Hôtel, auberge.

LE DEVOIR ET L'INTÉRÊT PERSONNEL

Un jour, dit à son fils un célèbre homme d'Etat d'Angleterre, un ministre apprend une nouvelle politique qui devait faire subir aux fonds publics une baisse considérable. Quelques minutes après, son père entre. Ce dernier lui annonce qu'il est engagé dans une grande spéculation à la hausse; qu'une partie notable de leur fortune y est intéressée, et que, s'effrayant de quelques bruits qui circulent, il vient demander à son fils ce qu'il en est, afin de vendre, si ces bruits sont fondés. Qu'est-ce que le ministre doit lui répondre dit le père?

« Il doit lui dire : Vends! s'écria aussitôt l'enfant.

— Réfléchis bien! D'abord cette nouvelle est un secret, un secret qu'il ne possède que comme ministre, un secret qu'il a certainement juré de garder. Le révéler, c'est manquer à sa foi d'homme d'Etat, c'est trahir la chose publique pour un intérêt privé.

— Mais c'est pour sauver son père?

— Oui! mais il ne peut sauver son père sans ruiner quelqu'un.

— Comment cela?

— Si son père vend, il y a quelqu'un qui achètera; ce quelqu'un recevra donc les valeurs que le père savait être mauvaises, puisqu'il ne les vend que sur l'avis qu'elles vont baisser. Il trompe donc sciemment; or, tromper sciemment, c'est ce que la loi appelle voler. Ce ministre, cet homme d'Etat, en avertissant son père aurait donc été le complice, l'auteur de ce vol.

— Mais alors, reprit son fils très troublé, qu'a-t-il fait?

— Il a déclaré qu'il ne pouvait répondre.

— Et qu'a fait le père?

— Il n'a pas vendu; il a perdu..., je me trompe, ils ont perdu une somme considérable. »

L'enfant resta silencieux un moment, puis il dit : « C'est beau. »

— Non, ce n'est que bien; mais c'est si rare que cela devient sublime.

Le devoir avait vaincu l'intérêt, et c'est sublime, parce que c'est malheureusement trop rare.

D'après LEGOUVÉ.

Maxime. — Honte aux égoïstes qui ne songent qu'à eux-mêmes; honneur à l'homme désintéressé qui s'oublie pour les autres.

EXERCICES ORAUX ET ÉCRITS

1. Pourquoi faut-il faire le bien? Appuyez votre réponse par des exemples.
2. Y a-t-il une différence entre le devoir et l'intérêt? Citez des faits qui l'établissent.
3. Montrez que chacun a des devoirs à remplir suivant sa condition, et qu'à les bien remplir le mérite moral est le même.

Programme : *Différence entre la loi morale et la loi écrite*

LE PEUPLE DU GANGE

Autrefois, sur les bords du Gange *, vivait un peuple gouverné par des rois. Les rois sont comme les autres hommes : rarement ils se contentent du pouvoir qu'on leur a confié ou qu'ils ont usurpé ; presque toujours ils travaillent à l'étendre. Ainsi firent les rois du Gange ; mais, à force de prendre, ils finirent par lasser la patience de leurs sujets qui les renversèrent et abolirent la royauté. Détruire est facile, et même, paraît-il, agréable. Mais quand la maison est à bas, il faut se mettre à reconstruire, car on ne tarde guère à s'apercevoir que la plus incommode de toutes les maisons vaut encore mieux qu'une caverne. Ainsi, le plus mauvais gouvernement est préférable à l'anarchie *. Car si un despote * fait du mal, il en empêche encore davantage. En l'absence d'un maître, chacun devient un tyran pour tous. Nos gens l'apprirent à leurs dépens. Las du pillage et du meurtre : « Faisons des lois, et vivons en paix sous ces lois, » se dirent-ils.

On se réunit donc, on délibère. Un des meilleurs, un des plus sages, un de ceux qui, pendant l'anarchie, s'étaient contentés de souffrir le mal sans le faire, demanda la parole et dit : « Voulez-vous des lois? Est-ce bien nécessaire? »

Un tel début surprit, venant d'un homme qui, plus que tout autre, avait eu à souffrir de l'absence des lois. Mais, sans se laisser émouvoir de l'étonnement qu'il causait : « Les lois, poursuivit-il, les lois existent. »

Ici, l'étonnement redoubla ; car c'était chose notoire qu'il n'y avait jamais eu d'autre loi que la volonté du prince, et que, lui mort, la loi était morte avec lui ! « Les lois existent, reprit notre homme, et la preuve, c'est que plusieurs d'entre vous, et moi-même, qui vous parle, n'avons cessé d'y obéir. » Il se fit un silence général ; chacun attendait l'explication de ce qui semblait une énigme* ; l'explication ne se fit pas attendre : « Cet homme, dit l'orateur, en désignant l'un des assistants, cet homme a-t-il jamais commis un vol, un meurtre ? » Tous les regards se tournèrent vers celui que montrait l'orateur. C'était un vieillard à l'air grave et doux. « A-t-il jamais fait du mal à aucun d'entre vous ?

— Non, c'est vrai, firent les assistants.

— Ne l'avez-vous pas vu plus d'une fois secourir des pauvres, défendre les opprimés ?

— Il est vrai.

— Et ses enfants ne suivents-ils pas l'exemple de leur père ? Ne sont-ils pas, comme lui, bons et justes ?

— Nous le reconnaissons.

— Eh bien ! pensez-vous qu'en agissant ainsi il n'ait pas obéi aux lois ? » Les assistants se regardaient les uns les autres d'un air qui semblait dire : il pourrait bien avoir raison ; mais où veut-il en venir ?

« Si le roi, que nous avons mis à mort, lui avait commandé un crime, croyez-vous qu'il lui eût obéi ?

— Non, sans doute.

— Il n'obéissait donc au prince qu'à une condition, c'est que le prince lui-même respecterait la loi.

— Mais quelle loi, puisqu'il n'y en avait pas ?

— Il n'y en avait pas ?... Et pourquoi donc avez-vous frappé le prince ? N'est-ce point parce qu'il vous prenait vos biens, parce qu'il attentait à vos jours ?

— Sans doute.

— C'est-à-dire parce qu'il faisait ce qu'il n'avait pas le droit de faire ?

— Assurément.

— Et parce qu'il ne faisait pas ce qu'il avait le droit de faire ?

— Oui.

— Et qu'est-ce donc qu'une loi, sinon une défense de

faire certaines choses, une obligation d'en faire d'autres?

» Il y avait donc une loi, puisque le prince la violait. Et si lui devait s'y soumettre, comment nous, ses sujets, pourrions-nous la méconnaître? Elle n'est pas écrite, sans doute; mais elle n'en existe pas moins. C'est à elle que notre vénérable concitoyen obéissait sous les rois; c'est à elle qu'il obéit encore; c'est en son nom que vous avez détruit la tyrannie; c'est elle encore que vous invoquez quand vous avez à vous plaindre de quelque violence. Ne la cherchez pas hors de vous; rentrez en vous-mêmes, et vous l'y trouverez. Son nom est la justice, son siège est la conscience et son auteur est Dieu; par elle c'est lui qui vous parle et vous commande. Si vous étiez bien résolus à lui obéir vous n'auriez pas besoin d'autres lois.

» Malheureusement, il est des hommes qui se bouchent les oreilles pour ne pas entendre cette voix du dedans. A ceux-là il faut une voix menaçante, qui, du dehors, leur crie : « Obéis, ou je frappe, » et qui frappe, en effet, les rebelles. Faisons donc, si vous le voulez, des lois écrites, des lois armées, qui, par la force et la crainte, mettent un terme à l'anarchie dont nous souffrons. Mais, sachez-le bien, ces lois que vous allez faire, elles seront sans force et sans vertu si vous n'êtes décidés d'abord à respecter la loi naturelle, dont les vôtres ne sauraient être qu'une traduction plus ou moins affaiblie. »

Quand il eut fini, l'assemblée demeura quelque temps silencieuse; on eût dit que chacun était descendu en soi-même. Après un moment de silence, on reprit la délibération. Il fut décidé qu'on ferait un code * simple et court. Le vieillard, au visage grave et doux, fut chargé de le faire, et c'était justice; car il n'avait qu'à écrire ce qu'il s'était prescrit à lui-même.

Le peuple du Gange vécut longtemps heureux sous ces lois : malheureusement tout passe, et ce peuple n'est plus. On a trouvé cependant gravé sur une table de marbre un article de son code; à en croire les paléographes *, cet article serait ainsi conçu : « Obéis à ta conscience, c'est la loi des lois. »

A. VESSIOT.

Réflexions. — Nous avons tous, au dedans de nous-mêmes, un tribunal secret qui juge nos actions, même les plus cachées : c'est la *conscience* ou la *loi naturelle.*

Quand il nous arrive malheureusement de la violer, nous en éprouvons sur le champ un *remords* qui ne nous laisse ni trève ni merci avant que nous ayons réparé notre faute.

Enfants, écoutez la voix de votre conscience.

Maxime. — Fais ce que dois, advienne que pourra.

LEXIQUE

Gange. . . . . Principauté imaginaire qui serait arrosée par le fleuve du même nom.
Anarchie . . . Désordre, absence de gouvernement.
Despote . . . . Souverain qui gouverne arbitrairement.
Enigme . . . . Jeu d'esprit où l'on donne à deviner quelque chose.
Code. . . . . . Recueil des lois.
Paléographe . Qui sait déchiffrer les anciens manuscrits.

Programme : *Devoirs envers soi-même. — Le corps. — Propreté et soins hygiéniques*

DE LA CONSERVATION PERSONNELLE

Le devoir de la conservation personnelle est le premier des devoirs envers nous-mêmes. Si parfois quelques individus, aux prises avec les difficultés de l'existence, se donnent la mort, ils n'agissent que par désespoir ou par folie. Si la loi civile est aujourd'hui moins rigoureuse qu'autrefois (le cadavre du suicidé était traîné dans la rue et exposé au mépris public, ses biens étaient confisqués, etc.) la loi morale n'a pas changé. Maintenant, comme autrefois, elle juge sévèrement celui qui attente à sa vie. Rien ne lui fait admettre que, pour se soustraire à un devoir, on se donne volontairement la mort.

Ecoutez ce que dit J.-J. Rousseau à ce sujet :

« Le suicide est une mort furtive * et honteuse ; c'est un vol fait au genre humain. Avant de le quitter, rends-lui ce qu'il a fait pour toi.

— Mais je ne tiens à rien, je suis inutile au monde.

— Philosophe d'un jour, ignores-tu que tu ne saurais

faire un pas sur la terre sans trouver un devoir à remplir, et que tout homme est utile à l'humanité par cela seul qu'il existe.

» Jeune insensé ! s'il te reste au fond du cœur le moindre sentiment de vertu, viens que je t'apprenne à aimer la vie. Chaque fois que tu seras tenté d'en sortir, dis en toi-même : « Que je fasse encore une bonne action avant de mourir. » Puis, va chercher quelque indigent à secourir, quelque infortuné à consoler, quelque opprimé à défendre. Si cette considération te retient aujourd'hui, elle te retiendra demain, après-demain, toute ta vie. »

Reflexions. — Notre vie ne nous appartient pas : nul n'a le droit de se l'ôter à soi-même ni de l'ôter à autrui. Ceux qui se donnent la mort sont des *lâches* ou des *fous*.

Maxime. — La santé est de tous les trésors le plus précieux et le plus mal gardé.

LEXIQUE

Furtive. . . . Qui se fait à la derobée, en cachette.

BONS EFFETS DE L'EXERCICE

Une fois l'enfant sorti des écueils des premières années de la vie, il est encore du devoir de l'État de le protéger et d'en faire un homme vigoureux et complet. C'est ici que le rôle de l'éducation et de l'instruction commence.

C'est ici aussi que le surmenage * intellectuel doit être évité.

Le cerveau de l'enfant est un organe délicat et fragile. Les impressions du dehors à cet âge y sont ressenties de la façon la plus vive. C'est une table rase, comme a dit un philosophe, où tout s'imprime à la fois et où l'impressionnabilité nerveuse a souvent besoin d'être modérée.

L'exercice musculaire, proportionné à l'état des forces du sujet, est le meilleur moyen de calmer la trop grande sensibilité des enfants. Les mouvements bien réglés favorisent aussi la digestion ; ils augmentent la rapidité de la circulation et de la respiration.

Dans cette augmentation des mouvements respiratoires, tous les lobes du poumon entrent en jeu. Les sommets ou lobes de renfort, qui sont inactifs la plupart du temps, se développent et se fortifient. Ils peuvent

Les exercices fortifient le corps et assainissent l'esprit

alors résister à l'envahissement des parasites qui nous entourent et qui sont la cause souvent de maladies mortelles.

L'exercice du chant, l'accélération des mouvements respiratoires, par la marche ou la course, sont de bons moyens préventifs de cette affection terrible pour la jeunesse, que l'on nomme *phtisie pulmonaire.*

Ce n'est donc pas en vain que les hommes qui s'occupent de l'éducation de la jeunesse ont introduit dans les programmes scolaires l'étude de la gymnastique. Ces exercices sont des plus salutaires pour entretenir la santé et développer la force musculaire des jeunes gens.

La gymnastique rend aux articulations la plénitude* des mouvements ; elle donne l'adresse, l'agilité, la souplesse ; en même temps, elle fortifie la constitution.

C'est un adjuvant* indispensable de l'instruction et un tempérant nécessaire de l'impressionnabilité et de la sensibilité que l'on rencontre si souvent chez les enfants.

Les exercices du corps étaient en honneur chez les anciens et tenaient une large place dans leurs institutions nationales. Le gouvernement a donc eu raison de tenir compte des conseils des hygiénistes et d'introduire la gymnastique à l'école.

Dr COLARD.

Réflexions. — La sobriété prolonge la vie de celui qui la pratique; la tempérance préserve l'homme des défauts humiliants de la gourmandise et de l'ivrognerie. Par la marche et la gymnastique, on fortifie le corps qui devient plus vigoureux et plus fort.

Maxime. — Il faut entretenir la santé du corps pour conserver celle de l'esprit.

LEXIQUE

Surmenage. . . Néologisme, signifiant excès de fatigue du cerveau.
Plénitude. . . Totalité, abondance excessive.
Adjuvant. . . Se dit d'un médicament qui entre dans une formule pour seconder l'action du plus énergique.

EXERCICES ORAUX ET ÉCRITS

1. Pourquoi sommes-nous obligés de soigner notre corps? Quels avantages retirons-nous à être propres?
2. Comment appelle-t-on les vices opposés à la tempérance et à la sobriété?
3. Que pensez-vous de la gymnastique, de la marche, de la danse? Pourquoi ces exercices sont-ils recommandés?

PROGRAMME : *Les biens extérieurs*

DIX MILLE LIVRES DE RENTE

Quand j'avais dix-huit ans, j'allais, durant la belle saison, passer la journée du dimanche à Versailles, ville qu'habitait ma mère. En sortant des barrières, j'étais toujours sûr de trouver un grand pauvre qui criait d'une voix glapissante* : La charité, s'il vous plaît, mon bon monsieur! De son côté, il était bien sûr d'entendre résonner dans son chapeau une grosse pièce de deux sous. Un jour que je payais mon tribut * à Antoine (c'était le nom de mon pensionnaire *), il vint à passer un petit monsieur poudré *, sec, vif, et à qui Antoine adressa son *memento* * criard : La charité, s'il vous plaît, mon bon monsieur! Le passant s'arrêta, et, après avoir considéré quelques moments le pauvre : « Vous me paraissez, lui dit-il, intelligent et propre à travailler: pourquoi faire un si vil métier? Je veux vous tirer de cette triste situation et vous donner dix mille livres de rente. »

Antoine se mit à rire et moi aussi. « Riez tant que vous voudrez, reprit le monsieur poudré, mais suivez mes conseils, et vous acquerrez ce que je vous promets. Je puis d'ailleurs vous prêcher d'exemple : j'ai été aussi pauvre que vous; mais, au lieu de mendier, je me suis fait une hotte avec un mauvais panier, et je suis allé dans les villages et dans les villes de province demander non pas des aumônes, mais de vieux chiffons qu'on me donnait gratis* et que je revendais ensuite un bon prix aux fabricants de papier.

» Au bout d'un an, je ne demandais plus pour rien les chiffons, mais je les achetais, et j'avais en outre une charrette et un âne pour faire mon petit commerce. Cinq ans après, je possédais trente mille francs, et j'épousais la fille d'un fabricant de papier, qui m'associait à sa maison de commerce, peu achalandée *, il faut le dire; mais j'étais jeune encore, j'étais actif, je savais travailler et m'imposer des privations. A l'heure qu'il est, je possède deux maisons à Paris, et j'ai cédé ma fabrique de papier à mon fils, à qui j'ai enseigné de bonne heure le goût du travail et le besoin de la persévérance. Faites comme moi, l'ami, et vous deviendrez riche comme moi. » Là-dessus le vieux monsieur s'en alla laissant Antoine tellement préoccupé que deux dames passèrent sans entendre l'appel criard du mendiant : « La charité, s'il vous plaît! » En 1815, pendant mon exil* à Bruxelles, j'entrai un jour chez un libraire * pour y faire emplette de quelques livres. Un gros et grand monsieur se promenait dans le magasin et donnait des ordres à cinq ou six commis. Nous nous regardâmes l'un l'autre comme des gens qui, sans se reconnaître, se rappelaient cependant qu'ils s'étaient vus autrefois quelque part. « Monsieur, me dit à la fin le libraire, il y a vingt-cinq ans, n'alliez-vous pas à Versailles le dimanche ? — Quoi ! Antoine, c'est vous ? m'écriai-je. — Monsieur, vous le voyez, le vieux monsieur poudré avait raison ; il m'a donné dix mille livres de rente. »

ARNAULD.

Réflexions. — « Si quelqu'un vient vous dire qu'il est d'autres moyens de faire fortune que par le travail et l'économie, chassez-le : c'est un imposteur*. » FRANKLIN.

Maxime. — Il n'y a point de sot métier ; il n'y a que de sottes gens.

LEXIQUE

Glapissante . .	Qui crie, se dit surtout du cri des renards et des chiens.
Tribut	Impôt, somme que l'on accorde à quelqu'un.
Pensionnaire .	Celui qui reçoit une pension ou une rente.
Poudré	Couvert d'une couche d'amidon.
Memento . . .	Marque destinée à rappeler quelque souvenir.
Gratis	Sans rien payer.
Achalandé . .	Qui reçoit beaucoup de chalands ou d'acheteurs.
Exil	Séjour forcé hors de sa patrie.
Libraire . . .	Celui qui vend des livres.
Imposteur . .	Celui qui cherche à tromper ; fourbe, menteur.

TRAVAIL ET ÉCONOMIE

Je veux vous enseigner le véritable secret de gagner de l'argent, la méthode infaillible pour remplir vos bourses vides, et la manière de les garder toujours pleines.

Deux simples règles, bien observées, en feront l'affaire. Voici la première : que la probité et le travail soient vos compagnons assidus.

Et la seconde : dépensez un sou de moins que votre bénéfice net.

Par là, votre poche si plate commencera à s'enfler

et n'aura plus à crier jamais que son ventre est vide ; vous ne serez pas assaillis par les créanciers, pressés par la misère, rongés par la faim, transis par l'humidité.

Dépensez un sou de moins que votre bénéfice net !

Hâtez-vous donc d'embrasser ces règles et d'être heureux. Que le travail marche avec vous dès le matin ; qu'il vous accompagne jusqu'au moment où le soir vous amènera l'heure du sommeil. Que la probité soit comme l'âme de votre âme, et n'oubliez jamais de conserver un sou de reste, après toutes vos dépenses comptées et payées.

FRANKLIN.

Maxime. — La paresse va si lentement que la pauvreté l'atteint bientôt.

LA CAISSE D'ÉPARGNE

La caisse d'épargne est la sauvegarde* des petites économies. Cette institution date de la fin du XVIIIe siècle, en Angleterre, et du commencement du XIXe en France.

En 1834, il n'y avait encore en France que soixante-quinze caisses d'épargne, lesquelles tenaient en dépôt 35.000.000 de fr., provenant des petites épargnes de la nation française. A la fin de l'année 1882, plus de sept mille bureaux étaient ouverts, le nombre des livrets était de plus de 4.000.000 et demi, et la somme des dépôts, dont la valeur moyenne atteignait à peine 140 fr., dépassait un milliard huit cent millions, capital énorme.

Il faut s'empresser de placer, même les plus petites sommes, à mesure qu'elles viennent d'être économisées ; elles sont en main sûre et à l'abri des tentations. Puis, quand survient un besoin sérieux, quand il faut vivre pendant le chômage*, on constate que la série des petits placements a fini par former une somme ronde, et on répète avec plaisir que les petits ruisseaux font les grandes rivières.

Réflexions. — Le capital formé lentement par le travail est un instrument de salut, de moralité et d'indépendance.

Maxime. — Allez vous coucher sans manger plutôt que de vous lever avec des dettes.

LEXIQUE

Sauvegarde . . Qui sert à garantir contre un malheur ou un besoin.
Chômage. . . . Temps où un ouvrier ne travaille pas, faute de travail.

LE LABOUREUR ET SES ENFANTS

Travaillez, prenez de la peine,
C'est le fonds qui manque le moins.
Un riche laboureur, sentant sa mort prochaine,
Fit venir ses enfants, leur parla sans témoins :
« Gardez-vous, leur dit-il, de vendre l'héritage
Que vous ont laissé vos parents,
Un trésor est caché dedans.
Je ne sais pas l'endroit ; mais un peu de courage
Vous le fera trouver ; vous en viendrez à bout.
Remuez votre champ, dès qu'on aura fait l'août,
Creusez, fouillez, bêchez, ne laissez nulle place
Où la main ne passe et repasse. »
Le père mort, les fils vous retournent le champ,
Deçà, delà, partout, si bien qu'au bout de l'an
Il en rapporta davantage.
D'argent, point de caché ! Mais le père fut sage
De leur montrer avant sa mort
Que le travail est un trésor.

LA FONTAINE.

Maxime. — Sans économie, il n'y a point de richesse assez grande ; avec elle il n'y en a pas de trop petite.

EXERCICES ORAUX ET ÉCRITS

1. Où conduisent le travail, l'ordre et l'économie? Citez des exemples à l'appui.
2. Faites l'application de ce proverbe : « On recueille ce que l'on a semé. »
3. Que fait l'ouvrier prévoyant? Quelle est la morale que vous tirez de la fable « La Cigale et la Fourmi? » A qui faut-il l'appliquer?

PROGRAMME : *Sobriété. — Tempérance. — Danger de l'ivresse et du tabac*

DANGERS DE L'IVRESSE ET DU TABAC

Voyez le buveur attablé au cabaret! Il porte encore le tablier de travail, qui n'est plus qu'une tenue menteuse; les traits enluminés par l'ivresse, les yeux flottants, la langue épaisse, il enveloppe le verre d'une main avide et porte à tous son toast* brutal.

Il a le nez bourgeonnant et fortement coloré en rouge, il est en proie au *delirium tremens**, et ses membres tremblent comme ceux d'un nonagénaire *. Pourquoi ces symptômes* inquiétants? c'est parce que le malheureux a fait abus des liqueurs alcooliques.

Mais sera-t-il seul à subir le juste châtiment de ses débauches? Hélas! sa famille pendant ce temps manque de pain. L'aîné de ses enfants est idiot; le second a une intelligence bornée et semble d'une assez faible constitution: le troisième est épileptique *!

Voilà le triste tableau que nous avons eu la douleur de rencontrer dans un de nos voyages. Puisse ce récit, parfaitement authentique*, vous préserver des terribles dangers que vous courriez, vous et votre famille, si vous preniez jamais la mauvaise habitude de boire avec excès des liqueurs alcooliques.

Le tabac, pris avec modération, ne peut pas nuire beaucoup à la santé; mais son abus peut exercer sur elle une influence funeste.

« Il est aujourd'hui reconnu que les maladies mentales, les paralysies générales, les affections cancéreuses des lèvres, de la bouche et de l'estomac, les troubles de la vision, etc., augmentent dans des proportions qui coïncident avec la consommation du tabac.

» Il est également prouvé que l'abus du tabac contribue au relâchement des liens de la famille et porte atteinte aux intérêts moraux de la société. » *(Association française contre l'abus du tabac.)*

On rapporte qu'un jour un fumeur invétéré se présenta au bureau de poste de sa localité pour y réclamer une lettre qu'il s'imaginait recevoir. Comme on lui demandait à qui elle était destinée, il ne sut que balbutier* : il avait oublié jusqu'à son nom, et avait perdu complètement ses facultés mentales.

Voltaire raconte que Charles XII avait un jour, dans l'ivresse, perdu le respect qu'il devait à la reine, son aïeule. Elle se retira pénétrée de douleur dans son appartement. Le lendemain, comme elle ne paraissait pas, le roi en demanda la cause, car il avait tout oublié. On la lui dit. Il alla trouver la princesse : « Madame, lui dit-il, je viens d'apprendre qu'hier je me suis oublié à votre égard. Je viens vous en demander pardon. Et afin de ne plus tomber dans cette faute, je vous déclare que j'ai bu du vin hier pour la dernière fois de ma vie. » Et il tint parole. Il ne but plus que de l'eau, ce qui ne l'empêcha pas d'être d'un tempérament très robuste.

SUITES DE L'IVRESSE

Deux ouvriers s'étaient liés d'une amitié si étroite qu'ils ne se quittaient guère : quand on rencontrait Jean on était sûr que Paul n'était pas loin. Leurs familles avaient aussi des relations tout à fait intimes.

Cependant, un jour que Jean et Paul s'étaient rendus au café, ils y burent un peu plus que de raison. A propos d'une parole équivoque, Jean se fâcha contre Paul, ce qui amena un incident* fâcheux, comme vous allez le voir. Les deux hommes en vinrent aux mains. Les consommateurs présents avaient réussi à les séparer, lorsque, sans qu'on s'y attende, Jean saisit une bouteille vide et en asséna* un coup si violent sur la tête de Paul que la bouteille se brisa en lui faisant une profonde blessure. Paul tomba sans connaissance :

le sang coulait abondamment de la blessure. On arrêta aussitôt le meurtrier*, et on s'empressa de secourir la malheureuse victime, qui ne tarda pas à expirer, malgré les soins intelligents qui lui furent prodigués.

Qui fut au désespoir? Je n'ai pas besoin de le dire. Les deux ménages, naguère si unis, étaient maintenant terrifiés ou déshonorés. Et cependant aucune raison sérieuse n'avait amené cette bataille. C'étaient les funestes effets du vin qui avaient rompu pour toujours des amitiés si vivaces...

Le malheureux Jean n'eut conscience de son crime que le lendemain. Combien il se repentait d'avoir donné la mort à son meilleur ami !

La police fut immédiatement avertie de ce drame*. La gendarmerie emmena au violon* le malheureux Jean, qui vient d'être condamné à cinq ans de travaux forcés par la cour d'assises du département.

Pendant ce temps que va devenir sa famille? Qui va donner du pain à sa femme, à ses quatre enfants, à la veuve de son ami et à ses cinq orphelins?

Ah! combien il se repent d'avoir fréquenté les cabarets! Combien il déplore son crime! Souvent il se dit au milieu des sanglots les plus amers : « Je suis un grand coupable, j'ai tué mon meilleur ami, celui que je regardais comme un frère. Désormais je me dois à sa famille comme à la mienne. Plus jamais je ne goûterai aux boissons alcooliques. »

Réflexions. — Il n'y a pas de spectacle plus repoussant que celui d'un ivrogne. Le pourceau qui se vautre * à plaisir dans la fange * n'est pas plus bestial * que lui. C'est une masse inerte d'où s'en est allée l'intelligence humaine.

Maxime. — Les ivrognes sont un fléau pour leur pays, pour leur famille et pour tous ceux qui les entourent.

LEXIQUE

Toast.	Proposition de boire à la santé de quelqu'un.
Delirium tremens.	Délire avec agitation et tremblement nerveux particulier aux victimes de l'alcool.
Nonagénaire. . . .	Qui a nonante ans (90 ans).
Symptôme	Signe indiquant une chose qui va venir.
Epileptique	Sujet à des affections nerveuses dans lesquelles le malade tombe sans connaissance.
Authentique. . . .	Véritable, vrai.

Balbutier	Parler sans se faire comprendre.
Incident	Ce qui survient au cours d'une affaire.
Assêner	Porter un coup avec violence.
Meurtrier	Celui qui fait mourir quelqu'un avec violence.
Drame	Evénement terrible.
Violon	Prison attenante à un corps de garde.
Se vautrer	Se rouler dans la boue.
Fange	Boue.
Bestial	Qui tient de la bête.

RÈGLES D'HYGIÈNE

Mange et bois exactement la quantité d'aliments nécessaires à ta subsistance, en raison des services de ton esprit.

Evite les excès en toutes choses.

La jeunesse, la vieillesse et la maladie exigent des quantités d'aliments différents. Il en est de même pour les diverses constitutions.

La quantité de nourriture doit être, autant que possible, proportionnée à la qualité et aux conditions de l'estomac, pour que celui-ci la digère.

Si cette quantité est raisonnable, l'estomac peut parfaitement se l'assimiler, et elle suffit pour nourrir le corps. La difficulé est de trouver la mesure; mais tu dois manger par nécessité et non par plaisir. Car la gourmandise ne sait pas où le besoin finit.

Veux-tu jouir d'une longue vie, d'un corps sain et d'un esprit vigoureux? Travaille d'abord à soumettre tes appétits à ta raison.

FRANKLIN.

Maxime. — La sobriété est la mère de la santé.

L'IVROGNERIE MÈNE AU CRIME

Cambyse, roi des Perses, était fort adonné * au vin. Prexaspe, un de ses favoris, l'engageait à boire plus modérément. Il lui représentait combien l'ivresse était honteuse chez un roi, qui attirait l'attention de tous, que chacun regardait, dont chacun recueillait les paroles. « Je te montrerai, dit Cambyse, que je suis toujours maître de moi, et que, même après avoir bu, mes yeux voient clair et ma main est ferme. » Il but ensuite plus que de coutume; puis, déjà gorgé de vin et trébuchant*, il ordonna au fils même de Prexaspe de se placer à la porte de la salle, debout, et le bras gauche élevé au-dessus de la tête. Il saisit alors un arc, le banda et traversa, en même temps qu'il disait quel but il visait, le cœur du pauvre enfant. Puis, lui faisant ouvrir la poitrine, il montra au père la flèche fixée dans le cœur de son fils : « Eh bien! dit-il, ai-je la main assez sûre? »

SÉNÈQUE.

Réflexions. — L'ivrognerie rabaisse l'homme au-dessous de l'animal. Celui qui boit avec excès meurt de bonne heure victime de sa débauche. Ses enfants sont généralement atteints de maladies devenues héréditaires par sa faute. Le cabaret, souvent, est le chemin du crime.

Maxime. — Si tu veux un remède contre l'ivrognerie, regarde un ivrogne.

LEXIQUE

Adonné. . . . Livré entièrement à une chose.
Trébuchant. . En faisant des faux pas, en perdant l'équilibre.

EXERCICES ORAUX ET ÉCRITS

1. A quoi s'expose celui qui fréquente assidûment les cabarets?
2. La cour d'assises a souvent à juger des ivrognes; pourquoi l'ivrogne est-il responsable de ses actes?
3. Faites voir que l'ivrogne est un égoïste qui dépense seul ce qui doit être dépensé en famille. Montrez aussi que la santé et l'éducation des enfants ne peuvent que gagner par la vie de famille.

PROGRAMME : *Gymnastique. — Exercices militaires. — Jeux de force et d'adresse au grand air. — Travail manuel*

BONS EFFETS DE LA GYMNASTIQUE

« Les personnes qui mènent une vie sédentaire * doivent, pour balancer les exercices du corps et ceux de l'esprit, entretenir leurs forces physiques par des exercices musculaires bien préférables à la vie d'estaminet, qui est si profondément entrée dans les mœurs de la ville, et qui menace même d'envahir les campagnes. » (Dr Georges. *Leçons d'hygiène.*)

Les distractions qui peuvent être avantageuses et salutaires sont : les promenades au grand air, les marches, les jeux, la danse, le tir et surtout les exercices gymnastiques.

« Par la gymnastique, dit un auteur, l'enfant se prépare dès maintenant à être un bon soldat, robuste, leste, adroit ; par elle, il exerce ses membres et les fortifie. Il n'est point nécessaire qu'il exécute des tours de force, mais qu'il saute, qu'il courre avec ses camarades et qu'il essaye de courir plus vite qu'eux, qu'il sache nager, grimper aux arbres; en un mot, qu'il apprenne à n'avoir peur de rien, et qu'il puisse toujours, au moment du danger, compter sur ses bras pour se tirer d'affaire honorablement. »

On a reproché, peut-être avec raison, aux Français de s'être laissés battre, en 1870-1871, par les Prussiens, parce qu'ils ne se livraient plus comme autrefois aux nombreux exercices qui font de l'enfant un homme robuste d'abord et un vaillant soldat ensuite. Pendant que nous tombions dans la mollesse, nos ennemis multipliaient les gymnases*, créaient et encourageaient de nombreuses sociétés de tir et de gymnastique.

Notre devoir, à nous, Français, est de faire comme eux, si nous voulons rendre à notre patrie sa force d'autrefois.

Maxime. — La santé et la bonne disposition valent mieux que tout l'or du monde.

LEXIQUE

Sédentaire. . Qui sort peu.
Gymnase. . . Etablissement où on enseigne la gymnastique.

L'EXERCICE AU VILLAGE

Il faudrait, dimanches et fêtes, par tous les villages, s'exercer au tir, au maniement des armes, penser aux puissances étrangères qui pensent à nous tous les jours.

Ainsi font les Suisses, nos voisins, et ainsi devons-nous faire pour être gens à nous défendre en cas de noise* avec les forts. Car de se fier au Ciel et à notre innocence, il vaut bien mieux apprendre la charge en douze temps et savoir au besoin ajuster un Cosaque. Je l'ai dit et redit : labourer, semer à temps, être aux champs dès le matin, ce n'est pas tout, il faut ramasser la récolte.

Aligne tes plants, mon ami, tu provigneras* l'an

Tu feras du bon vin, mais qui le boira ?

qui vient, et quelque jour.... tu feras du bon vin, mais qui le boira ? Rostopchine* si tu ne te tiens pas prêt à le lui disputer.

Vous, messieurs, songez-y pendant qu'il est temps : avisez entre vous s'il ne conviendrait pas, vu les circonstances présentes ou imminentes, de vaquer le saint jour du dimanche, sans préjudice de la messe, à des exercices qu'approuve le Dieu des armées, tels que le pas de charge et les feux de bataillon.

Ainsi pourrons-nous employer avec très grand profit pour l'Etat et pour nous beaucoup de moments perdus.

P.-L. COURIER.

Maxime. — Un exercice modéré est nécessaire à la santé.

LEXIQUE

Noise. . . . . Dispute.
Provigneras. Coucheras en terre des pieds de vigne, afin de produire de nouveaux fruits.
Rostopchine. Gouverneur de Moscou, qui fit incendier cette ville en 1812 pour en éloigner les Français.

LE CZAR PIERRE Ier

Pour civiliser* la Russie alors barbare, le czar Pierre Ier entreprit des travaux inouïs*. Il quitta son empire, alla passer deux ans en Hollande pour y apprendre les arts utiles, et surtout la construction des vaisseaux, afin de se mettre en état de créer plus tard par lui-même une marine. Vêtu en ouvrier, il alla s'établir dans le fameux village de Sardam*. Là, il admira un spectacle nouveau pour lui : cette multitude d'hommes toujours occupés; l'ordre, l'exactitude des travaux, la célérité* prodigieuse à construire un vaisseau et à le munir de ses agrès*, et cette quantité incroyable de magasins et de machines qui rendent le travail plus facile et plus sûr.

Le czar se mit à manier la hache et le compas; il se fit inscrire sur le rôle des ouvriers charpentiers sous le nom de Pierre Mikhaïlov. Il commença par acheter une barque, à laquelle il fit un mât* de ses propres mains; ensuite il travailla à toutes les parties de la construction d'un vaisseau, menant la même vie que les ouvriers de Sardam, s'habillant, se nourrissant comme eux, travaillant dans les forges, dans les corderies, dans les moulins, dont la quantité prodigieuse borde le village, dans lesquels on scie le sapin et le chêne, on fait l'huile, on fabrique le papier, on file les métaux ductiles*.

Les ouvriers, d'abord interdits* d'avoir un souverain pour compagnon, vécurent ensuite familièrement avec lui. Il acheva de ses mains un vaisseau de soixante pièces de canon, et le fit partir pour Archangel*; il engagea pour la Russie un grand nombre d'ouvriers de toutes sortes, mais il ne voulait que de ceux qu'il avait vus travailler lui-même. Il continua ainsi pendant deux ans ses travaux de constructeur de vaisseaux, d'ingénieur et de physicien pratique. On montre encore aujourd'hui, à Sardam, la maisonnette qu'il occupait et qu'on appelle la *Maison du prince*.

De retour dans son vaste empire, il se plaisait à visiter les ateliers et les manufactures, afin d'encourager l'industrie qu'il avait créée. On le voyait souvent dans les forges d'Istia, à quelque distance de Moscou* : le czar y passait un mois entier. Après s'être occupé des affaires de l'Etat, son amusement était de tout examiner avec l'attention la plus minutieuse; il voulut même apprendre le métier de forgeron. Il eut bientôt réussi ; et, quelques jours avant son départ, il forgea quelques barres de fer et y grava sa marque ; puis, il se fit payer ce travail par le maître de forges, à sa juste valeur, et employa cet argent à acheter des souliers. Il se plaisait à les porter et à dire : « Voilà des souliers que j'ai gagnés à la sueur de mon front. »

BARRAU (1).

Réflexions. — Les exercices du corps sont une récréation utile plutôt qu'un travail. Quelle que soit votre position sociale, mais surtout si vous menez une vie sédentaire, donnez-vous chaque jour quelques moments d'exercice ou de travail manuel : ce sera un moyen sûr d'entretenir votre santé.

Maxime. — Il faut entretenir la vigueur du corps pour conserver celle de l'esprit

LEXIQUE

Civiliser . . . Rendre sociable; adoucir les mœurs.

Inouï . . . . . Tel qu'on n'a jamais rien vu de pareil.

Hollande . . . Royaume d'Europe; villes principales : La Haye et Amsterdam.

Sardam . . . . Village de Hollande remarquable par sa situation agréable et son élégance.

Célérité . . . . Vitesse, accélération.

Agrès . . . . . Tout ce qui constitue la mâture et l'équipement d'un vaisseau.

Mât . . . . . . Longue pièce de bois qui sert à supporter la voile d'un navire.

(1) Paris, Hachette, éditeur. Ouvrage cité.

Ductile . . . . Qui peut être battu, allongé, sans se rompre.
Interdit . . . . Frappé d'étonnement.
Archangel. . . Port de la Russie sur la mer Blanche.
Moscou . . . . Ancienne capitale de la Russie, incendiée sous Napoléon Ier.

EXERCICES ORAUX ET ÉCRITS

1. Quels enseignements peut-on tirer de l'exemple de travail donné par Pierre Ier?
2. Dites pourquoi on vous apprend le travail manuel à l'école et on vous fait faire la gymnastique et les exercices militaires.
3. Que diriez-vous à quelqu'un qui trouverait ridicules ces exercices manuels et ces exercices gymnastiques?

Programme : *Véracité.* — *Sincérité.* — *Mensonge*

UN ENFANT MARTYR* DE LA VÉRITÉ

Un charmant petit garçon, à la blonde chevelure et aux yeux bleus, avait été recueilli à l'hospice* des orphelins* de Milwankie, ville des Etats-Unis d'Amérique.

Un fermier du voisinage, qui n'avait pas d'enfant, enchanté de l'air ouvert, de la physionomie* aimable, de l'excellente humeur du jeune Édouard, le retira de l'hospice pour l'adopter* et l'élever comme son propre fils avec une petite fille du même âge.

L'enfant atteignait sa neuvième année; il s'était fait aimer de tous les habitants de la ferme par ses heureuses qualités et son bon caractère, lorsqu'un jour il vit la fermière qui, croyant n'être pas aperçue, enlevait quelques objets appartenant à un voisin. Il en parla à sa jeune compagne, qui le répéta devant le fermier et sa femme; celle-ci repoussa l'accusation de toutes ses forces et montra une telle indignation que son mari demeura convaincu que le récit de l'enfant était un odieux mensonge. Dans son ressentiment, cette femme demanda que le petit Edouard fût rigoureusement puni, et fit promettre à son mari qu'il le fouetterait jusqu'à ce qu'il eût rétracté* ce qu'il avait osé dire.

Le fermier s'arma d'un fouet, attacha l'enfant avec une corde à une poutre de la maison et le battit pendant une heure entière, malgré ses gémissements et ses cris.

Il s'arrêta enfin et demanda à Edouard s'il persistait à soutenir ce qu'il avait déclaré : — Papa, répondit l'enfant à travers ses sanglots, j'ai dit la vérité ; je ne me rétracterai pas pour faire un mensonge.

— Eh bien ! recommence, s'écria la fermière furieuse; il faudra bien qu'il cède à la fin. Le mari hésitait ; mais vaincu par les reproches de sa femme, il reprit son fouet. Les coups redoublèrent et l'enfant disait toujours : — « Je ne veux pas offenser Dieu par un mensonge. » Enfin, le pauvre petit s'affaissa presque inanimé. Le bourreau*, ému à ce spectacle, s'empressa de le détacher; mais il était trop tard, et il mourut quelques jours après des suites de ses blessures.

La justice ne tarda point à se saisir de cette affaire. Le fermier et sa femme allèrent expier par dix ans de prison leur abominable barbarie ; il fut prouvé, d'une manière éclatante, que l'enfant avait dit vrai, et qu'il était mort martyr de son respect pour la vérité.

O mes enfants ! si vous êtes parfois tentés de mentir, comme cela arrive très souvent pour éviter une punition méritée, souvenez-vous du petit héros qui a mieux aimé subir un injuste supplice * que de souiller sa conscience d'un mensonge.

(Récits moraux (1). RENDU.

Réflexions. — Celui qui ment pour cacher ou excuser une faute commet une très mauvaise action.

Maxime. — Il ne faut pas toujours dire tout ce que l'on pense, mais il faut toujours penser ce que l'on dit.

LEXIQUE

Martyr . . . . Qui souffre la mort pour affirmer une vérité.
Hospice. . . . Etablissement de charité où l'on recueille des gens dans le besoin.
Orphelin . . . Enfant qui a perdu son père et sa mère ou l'un d'eux.
Physionomie . L'air, les traits du visage.

(1) Paris, Fourault, éditeur.

Adopter. . . . Prendre légalement pour fils ou pour fille.
Rétracter. . . Retirer une parole qu'on a dite.
Bourreau. . . Signifie, en ce cas, un homme cruel, inhumain.
Supplice . . . Punition corporelle; quelquefois la mort.

L'ORANGER MUTILÉ *

Le père du célèbre Washington * attachait à la véracité de son fils une importance extrême.

Un jour, le petit garçon, âgé de six ans, enleva, au jardin, à l'aide d'une petite hache, l'écorce d'un oranger très rare, auquel on tenait beaucoup.

Le lendemain, se promenant avec un ami, le père constata le mal; il manifesta une grande colère et un vif chagrin.

« Je donnerais cinq guinées *, ajouta-t-il, pour connaître le coupable.

— C'est moi, papa, dit l'enfant après quelque hésitation, c'est moi qui ai frappé l'arbre et enlevé l'écorce avec ma hachette.

— Viens m'embrasser, mon enfant, reprit aussitôt le père, ta franchise a plus de valeur à mes yeux que mille orangers semblables, fussent-ils chargés de fleurs d'or ou de fruits d'argent. »

Réflexions. — Rien n'est si agréable, chez l'enfant, que la sincérité. Le plus bel éloge que l'on puisse faire de lui est de dire : il n'a jamais menti; sa franchise désarme toujours la colère.

Maxime. — Le mensonge est une lâcheté; on ment le plus souvent pour échapper à un châtiment qu'on mérite.

LEXIQUE

Mutilé. . . . . Qui a été coupé, qui a subi l'amputation.
Washington . Fondateur de la République des Etats-Unis (1732-1799).
Guinées. . . . Monnaie d'or anglaise valant 25 fr. 21.

AMOUR DE LA VÉRITÉ. — WELLINGTON

Wellington *, atteint de surdité *, consulta un jour un célèbre spécialiste * qui, après avoir épuisé en vain tous les remèdes, résolut d'injecter * dans l'oreille un violent caustique *. La douleur fut des plus aiguës; mais le patient * la supporta avec son égalité d'humeur habituelle. Quelques jours après, le médecin de la famille vint par hasard et trouva le duc les joues empourprées, les yeux rouges. Celui-ci voulut se lever, mais il chancela comme un homme ivre. Le docteur lui demanda la permission d'examiner l'oreille. L'inflammation était terrible et courait risque, si elle n'était immédiatement arrêtée, de gagner le cerveau et de devenir mortelle. De vigoureux remèdes furent aussitôt appliqués, et l'inflammation disparut peu à peu, mais cette oreille resta complètement sourde. Lorsque le spécialiste apprit le danger qu'avait couru son patient par la violence du remède qu'il avait employé, il courut lui exprimer son chagrin et ses regrets; mais le duc répondit simplement : « N'en parlons plus, vous avez cru agir pour le mieux. »

Le médecin se désolait, disant que ce serait pour lui la ruine, quand on viendrait à savoir qu'il avait exposé Sa Grâce à une si grande souffrance et à un si grand danger.

« Mais personne n'a besoin de le savoir; gardez-le pour vous et soyez sûr que je n'en dirai pas un mot.

— Alors Votre Grâce me permettra de la visiter comme auparavant, pour montrer au public qu'elle ne m'a pas retiré sa confiance ?

— Non, répliqua le duc avec bonté, mais fermeté, cela ne se peut pas, car ce serait un mensonge. »

D'après Samuel SMILES.

Réflexions. — Nous ne devons pas plus mentir en action qu'en paroles.

Maxime. — La parole donnée doit être un serment inviolable.

LEXIQUE

Wellington. . (Prononcez Ou-lin-kton), général anglais qui gagna, en 1815, la bataille de Waterloo (1769-1852).
Surdité . . . . État de celui qui est sourd.
Spécialité . . . Qui a un talent spécial, particulier à une maladie.
Injecter . . . . Introduire un liquide dans un corps au moyen d'un instrument.
Caustique . . . Qui brûle.
Patient . . . . Celui qui souffre

EXERCICES ORAUX ET ÉCRITS

1. On dit que le mensonge est une lâcheté. Dites pourquoi.
2. Qu'arrivera-t-il si, dans le cours de votre vie, on vous reconnaît à mentir, même ne serait-ce qu'une seule fois?
3. Quels sentiments vous inspire la conduite du fermier, de la fermière et de l'enfant martyr?

Programme : *Dignité personnelle. — Respect de soi-même Danger des mauvaises compagnies*

LE BARON DAUMESNIL

Le baron Pierre Daumesnil naquit à Périgueux * le 14 juillet 1777. Il servit comme simple soldat en Italie et en Egypte où il donna à Bonaparte une preuve touchante de dévouement, en se précipitant devant lui pour le garantir d'une bombe qui venait de tomber à ses pieds et qui éclata sans atteindre personne. Pour ce beau fait, il fut surnommé *le brave*. Il passa ensuite dans le régiment des guides, où il continua à se signaler par des traits de la plus grande bravoure. En 1806, il devint capitaine des chasseurs de la garde impériale, et, en 1808, fit la campagne d'Espagne comme chef d'escadron dans la même arme.

Il parut à Wagram * en 1809 avec le grade de major de la garde, et eut la jambe emportée par un boulet dans cette célèbre journée.

Le brevet de général de brigade lui fut accordé en 1812, et, deux mois après, Napoléon lui donna pour retraite le commandement du château de Vincennes*, avec le titre de commandeur de la Légion d'honneur. On sait avec quelle intrépidité il défendit ce poste en 1814. L'ennemi, qui occupait depuis plusieurs semaines notre capitale et voulait aussi s'emparer de Vincennes*, ne reçut de Daumesnil pour toute réponse à ses sommations que ces mots : « Je vous rendrai ma place quand vous m'aurez rendu ma jambe. » Comme l'envoyé lui disait qu'il voulait le faire sauter avec le fort, Daumesnil répliqua : « Si vous voulez, je commencerai tout de suite et nous sauterons ensemble. »

Le fort ne put être pris.

Sous la première Restauration, il reçut le commandement du château de Condé et fut décoré de la croix de Saint-Louis.

Lors du retour de Napoléon de l'île d'Elbe, il arbora sur cette citadelle le drapeau tricolore et fut rappelé au commandement de Vincennes. C'est là qu'il refusa, en 1815, un million qu'on lui offrait pour livrer la place aux ennemis qui avaient de nouveau envahi la France. On le savait pauvre et on avait essayé de le corrompre * en lui offrant par lettre une somme considérable pour rendre cette forteresse.

Il ne se laissa point tenter et garda la lettre, pour la laisser en dot * à ses enfants. Il ne voulut ni se rendre ni se vendre.

En septembre 1815, il fut mis à la retraite et resta sans emploi jusqu'à l'époque de la révolution de 1830.

On lui rendit alors son poste.

Mais Daumesnil n'en profita pas longtemps. Il mourut le 17 août 1832, laissant à sa veuve sa gloire pour tout héritage. Le gouvernement avait demandé pour elle une pension que la Chambre des députés refusa d'accorder.

PÉRENNÈS.

Réflexions. — « La dignité personnelle consiste à ne réclamer aucune faveur, à savoir se donner de la peine, à souffrir même, s'il le faut, sans se plaindre. » (Mézières.) — Votre dignité, enfants, exige que rien dans votre langage ne soit irrespectueux, que votre tenue soit décente et que la modestie préside à toutes vos actions.

Maxime. — Agis toujours comme si ton père ou ton maître te regardait.

LEXIQUE

Périgueux. . . Chef-lieu du département de la Dordogne

Wagram . . . Village d'Autriche, célèbre par la victoire qu'y remporta Napoléon Ier en 1809.

Vincennes. . . Chef-lieu de canton de la Seine, 22,300 habitants, château fort bâti par Philippe-Auguste, aujourd'hui école d'administration militaire.

Corrompre. . . Gâter, dépraver, troubler.

Dot . . . . . . Bien qu'une femme apporte en mariage.

LES MAUVAISES COMPAGNIES

Georges avait onze ans. Sa mère avait quitté le domicile conjugal, pour échapper aux brutalités de son mari, et avait disparu sans donner de ses nouvelles. Le père, resté seul avec son fils, ne s'en occupait guère et le laissait vagabonder.

Souvent, le soir, ne sachant que devenir, Georges s'en allait coucher sur un banc, sous l'arche d'un pont, derrière un mur.

L'enfant n'avait pas tardé à faire de mauvaises connaissances. Il s'était laissé affilier * à une bande de voleurs. Comme il était petit, futé *, intelligent, il était employé à faire le guet, à se glisser dans les boutiques, à dérober rapidement des objets aux étalages *. Il était fier de son adresse ; les grands garçons, qui se servaient de lui, le flattaient et il se croyait un personnage.

Un jour, le chef de la bande imagina un coup d'importance. Il savait qu'un pharmacien de la ville avait reçu une somme d'argent assez forte, et il résolut de le dévaliser. Mais comment s'y prendre ? La boutique était fermée hermétiquement * tous les soirs par une grosse devanture de fer qu'on ne pouvait pas songer à percer. Il eut l'idée de se servir de Georges. Il lui commanda de se glisser le soir dans le magasin, de se cacher dans un coin, ce qui lui serait facile, vu sa petite taille, et quand tout serait tranquille, d'ouvrir du dedans la porte aux camarades.

Ainsi fut fait, du moins en partie.

Le soir venu, les grosses boules bleue et jaune de la

pharmacie répandaient leurs rayons colorés sur le boulevard. Georges profita d'un moment où un client entrait pour se faufiler* derrière lui, et, se pelotonnant, il se cacha sous le comptoir.

Il eut la patience de rester là plus de deux heures. Au moment où l'on allait fermer la maison et où il espérait que son supplice allait prendre fin (car il se trouvait fort mal à l'aise dans sa cachette), voici que le pharmacien vint s'asseoir à son bureau, et commença une longue conversation avec un visiteur. En allongeant les jambes il rencontre un obstacle : « Va-t-en, Médor! » crie-t-il, puis il continue son entretien. Il sent encore remuer sous ses pieds : « Va-t-en, Médor! » crie-t-il une seconde fois, et Médor ne s'en allait pas.

Je le crois bien! Médor, c'était Georges.

Le pharmacien, impatienté de la désobéissance de son chien, se baisse et... aperçoit le petit intrus *, qu'il tire tout penaud * à la lumière. Il l'interroge. Georges, qui n'était pas encore tout à fait corrompu et menteur, lui apprend immédiatement toute la vérité.

Il fut conduit devant le tribunal. Les membres de la bande y échappèrent : car l'enfant ne put donner leurs noms. Quant à lui, il fut condamné à la prison et jura qu'on ne l'y prendrait plus.

Il se corrigea, en effet, et, au sortir de la prison, il témoigna son repentir par une vie honnête et réglée.

Réflexions. — L'enfant abandonné à ses propres ressources devient fatalement un mauvais sujet s'il fréquente les mauvaises compagnies.

Maxime. — Les mauvaises compagnies sont plus dangereuses que la peste : l'une ne tue que le corps, les autres tuent l'âme.

LEXIQUE

Affilier . . . . . . Faire partie d'une société.
Futé. . . . . Fin, rusé, dans le style familier.
Etalages . . . . . Ce qui est placé en avant du magasin.
Hermétiquement. Qui ferme parfaitement sans laisser d'issue.
Faufiler . . . . . . Se glisser adroitement.
Intrus. . . . . . . Celui qui s'introduit quelque part sans avoir qualité pour y être admis.
Penaud . . . . . . Embarrassé, honteux.

EXERCICES ORAUX ET ÉCRITS

1. Montrez en quoi la conduite de Daumesnil a été digne.
2. Danger des mauvaises compagnies. Faites voir que l'enfant qui les fréquente devient presque toujours vicieux.

PROGRAMME : *Modestie. — Ne pas s'aveugler sur ses défauts. Orgueil. — Vanité. — Coquetterie. — Frivolité*

LA PRÉSOMPTION DE LA JEUNESSE

Je demandai à souper dès que je fus dans l'hôtellerie. C'était jour maigre : on m'accommoda * des œufs. Lorsque l'omelette qu'on me faisait fut en état de m'être servie, je m'assis tout seul à une table. Je n'avais pas encore mangé le premier morceau que l'hôte entra, suivi de l'homme qui l'avait arrêté dans la rue. Le cavalier portait une grande rapière * et pouvait bien avoir trente ans. Il s'approcha de moi d'un air empressé : « Seigneur écolier, me dit-il, je viens d'apprendre que vous êtes le seigneur Gil-Blas de Santillane *, l'ornement d'Oviedo * et le flambeau de la philosophie ; est-il possible que vous soyez ce savantissime *, ce bel esprit, dont la réputation est si grande en ce pays-ci ? Vous ne savez pas, continua-t-il en s'adressant à l'hôte et à l'hôtesse *, vous ne savez pas ce que vous possédez : vous avez un trésor dans votre maison. Vous voyez dans ce jeune gentilhomme la huitième merveille du monde. »

Puis, se tournant de mon côté et me jetant les bras au cou : « Excusez mes transports, ajouta-t-il, je ne suis point maître de la joie que votre présence me cause. »

Je ne pus lui répondre sur-le-champ, parce qu'il me tenait si serré que je n'avais pas la respiration libre, et ce ne fut qu'après que j'eus la tête dégagée de l'embrassade que je lui dis : « Seigneur cavalier, je ne croyais pas mon nom connu à Pegnaflor. — Comment ?

connu, reprit-il sur le même ton; nous tenons un registre de tous les grands personnages qui sont à vingt lieues à la ronde. Vous passez pour un prodige, et je ne doute pas que l'Espagne ne se trouve un jour aussi honorée de vous avoir produit que la Grèce d'avoir vu naître les Sages. »

Ces paroles furent suivies d'une nouvelle accolade* qu'il me fallut essuyer, au hasard d'avoir le sort d'Antée*. Pour peu que j'eusse eu d'expérience, je n'aurais pas été la dupe de ses démonstrations ni de ses hyperboles*; j'aurais bien reconnu à ses flatteries outrées que c'était un de ces parasites* que l'on trouve dans toutes les villes, et qui, dès qu'un étranger arrive, s'introduisent auprès de lui pour remplir leur ventre à ses dépens; mais ma jeunesse et ma vanité m'en firent juger tout autrement.

Mon admirateur me parut un fort honnête homme et je l'invitai à souper avec moi. « Ah! très volontiers, s'écria-t-il, je sais trop bon gré à mon étoile de m'avoir fait rencontrer l'illustre Gil-Blas de Santillane, pour ne pas jouir de ma bonne fortune le plus longtemps que je pourrai. Je n'ai pas grand appétit, poursuivit-il, je vais me mettre à table pour vous tenir compagnie seulement, et je mangerai quelques morceaux par complaisance. » En parlant ainsi, mon panégyriste* s'assit vis-à-vis de moi. On lui apporta un couvert. Il se jeta d'abord sur l'omelette avec tant d'avidité qu'i semblait n'avoir mangé de trois jours.

A l'air complaisant dont il s'y prenait, je vis bien qu'elle serait bien vite expédiée. J'en ordonnai une seconde qui fut faite si promptement qu'on la servit comme nous achevions, ou plutôt comme il achevait de manger la première. Il y procédait pourtant d'une vitesse toujours égale, et trouvait moyen, sans perdre un coup de dent, de me donner louanges sur louanges, ce qui me rendait fort content de ma petite personne. Il buvait aussi fort souvent, tantôt c'était à ma santé et tantôt à celle de mon père et de ma mère dont il ne pouvait assez vanter* le bonheur d'avoir un fils tel que moi. En même temps, il versait du vin dans mon verre et m'excitait à lui faire raison.

Je ne répondais point mal aux santés qu'il me portait, ce qui, avec ses flatteries, me mit insensiblement de si bonne humeur que, voyant notre seconde omelette à moitié mangée, je demandai à l'hôte s'il n'avait point de poisson à me donner. Le seigneur Corcuélo qui, selon toutes les apparences, s'entendait avec le parasite, me répondit : « J'ai une truite excellente, mais elle coûtera cher à ceux qui la mangeront ; c'est un morceau trop friand pour vous. — Qu'appelez-vous trop friand ? dit alors mon flatteur d'un ton de voix élevé ; vous n'y pensez pas, mon ami, apprenez que vous n'avez rien de trop friand pour le seigneur Gil-Blas de Santillane, qui mérite d'être traité comme un prince. »

Je fus bien aise qu'il eût relevé les dernières paroles de l'hôte, et il ne fit en cela que me prévenir. Je m'en sentais offensé, et je dis fièrement à Corcuélo : « Apportez-nous votre truite et ne vous embarrassez pas du reste. »

L'hôte, qui ne demandait pas mieux que de l'apporter, ne tarda guère à nous la servir. A la vue de ce nouveau plat, je vis briller une grande joie dans les yeux du parasite qui fit paraître une nouvelle complaisance, c'est-à-dire qu'il donna sur le poisson comme il avait donné sur les œufs.

Il fut pourtant obligé de se rendre, de peur d'accident, car il en avait jusqu'à la gorge. Enfin, après avoir bu et mangé tout son saoûl, il voulut finir la comédie. « Seigneur Gil-Blas, me dit-il en se levant de table, je suis trop content de la bonne chère* que vous m'avez faite pour vous quitter sans vous donner un avis important dont vous paraissez avoir besoin. Soyez désormais en garde contre les louanges ; défiez-vous des gens que vous ne connaissez point. Vous en pourrez rencontrer d'autres qui voudront, comme moi, se divertir de votre crédulité et peut-être pousser les choses encore plus loin ; n'en soyez pas la dupe, et ne vous croyez point, sur leur parole, la huitième merveille du monde. »

En achevant ces mots, il me rit au nez et s'en alla.

René LE SAGE.

Réflexions. — Faites tous vos efforts pour acquérir les qualités qui vous manquent, mais ne vous attribuez jamais et ne vous laissez jamais attribuer celles que vous n'avez pas. Ni vos parents, ni vos maîtres, ni vos camarades ne vous aimeront si vous êtes *orgueilleux, vaniteux, coquets* et *frivoles.*

Maxime. — La flatterie est pire que le faux témoignage.

LEXIQUE

Accommoder. . . .	Apprêter.
Rapière.	Grand sabre.
Santillane	Ville de la Vieille-Castille, en Espagne.
Oviedo	Ville des Asturies, en Espagne.
Savantissime. . . .	Grand savant.
Hôte, Hôtesse . . .	Qui tient un hôtel, ou qui va manger dans un hôtel.
Accolade	Embrassement.
Antée	Géant de la fable dont les forces renaissaient lorsqu'il touchait la terre ; Hercule le soutint en l'air et l'étouffa entre ses bras.
Hyperbole	Exagération des choses.
Parasite	Celui qui vit aux dépens de quelqu'un.
Panégyriste	Celui qui fait un pompeux éloge de quelqu'un.
Vanter	Louer beaucoup.
Faire bonne chère.	Bien se nourrir.

LE GEAI PARÉ DES PLUMES DU PAON

Un paon muait *; un geai prit son plumage,
Puis après se l'accommoda *;
Puis parmi d'autres paons, tout fier, se pavana *,
Croyant être un beau personnage.
Quelqu'un le reconnut : il se vit bafoué *,
Berné *, sifflé, moqué, joué,
Et, par messieurs les paons, plumé d'étrange sorte :
Même vers ses pareils s'étant réfugié,
Il fut par eux mis à la porte.
Il est assez de geais à deux pieds comme lui,
Qui se parent souvent des dépouilles d'autrui,
Et que l'on nomme plagiaires *.
Je m'en tais, et ne veux leur causer nul ennui ;
Ce ne sont pas là mes affaires.

LA FONTAINE.

Réflexions. — S'enfler d'un mérite qu'on croit avoir est l'œuvre d'un sot. L'homme modeste est comme l'humble violette : ses qualités le décèlent et l'élèvent.

Maxime. — Voulez-vous qu'on dise du bien de vous ? N'en dites point vous-mêmes.

LEXIQUE

Muait . . . . . . Changeait de plumes.
Se l'accommoda . Le revêtit, se l'appropria.
Se pavana . . . . Marche avec ostentation comme le paon.
Bafoué . . . . . . Plaisanté jusqu'à l'outrage.
Berné . . . . Tourné en ridicule.
Plagiaire . . . . . Celui qui donne comme sien ce qu'il a pris à un autre.

LA HERSE

Un fermier de nos campagnes envoya deux de ses domestiques emprunter une herse chez un de ses voisins, et leur donna ordre de l'apporter à eux deux sur leurs épaules. Quand ils la virent, l'un d'eux, qui ne manquait pas d'esprit, dit : « A quoi pensait notre maître, de n'envoyer que deux hommes pour porter cette herse ! Il n'y a pas sur la terre deux hommes en état de la porter. — Bon, dit l'autre, qui était fier de sa force, que me parlez-vous de deux hommes ? Un seul suffit : aidez-moi à la charger sur mes épaules, et vous verrez. » Tandis qu'il marchait, chargé de son fardeau, son camarade s'écriait : « Comme vous êtes fort ! Je ne l'aurais jamais cru ! Vous êtes un Samson *. Il n'y a pas deux hommes comme vous en Amérique. Quelle force étonnante le Ciel vous a donnée ! Mais vous vous tuerez : mettez la herse à terre et reposez-vous un moment ou laissez-moi vous aider. — Non, non, reprit l'autre, plus encouragé par les compliments que fatigué par le fardeau, vous verrez que je suis en état de la porter jusqu'à la maison. » Et il y réussit en effet.

FRANKLIN.

Réflexions. — La vanité est le domaine des sots. On se

moque toujours des gens qui font montre de leurs qualités ou de leur puissance. Seule, la modestie attire l'estime publique.

Maxime. — Aimez qu'on vous conseille et non pas qu'on vous loue.

LEXIQUE

Etre un Samson. Etre d'une force prodigieuse.

EXERCICES ORAUX ET ÉCRITS

1. Montrez, par l'exemple de grands hommes que vous connaissez, que le vrai mérite est toujours modeste.
2. Justifiez cette pensée : la vanité est le domaine des sots.
3. Dans un petit récit, montrez que la coquetterie, la frivolité, l'orgueil et la vanité déplaisent à tout le monde, et que les flatteurs sont toujours détestés.

LE GRILLON

Un pauvre petit grillon,
Caché dans l'herbe fleurie,
Regardait un papillon
Voltigeant dans la prairie.
L'insecte ailé brillait des plus vives couleurs,
L'azur, le pourpre et l'or éclataient sur ses ailes.
Jeune, beau, petit maître, il court de fleur en fleur,
Pressant et quittant les plus belles.
« Ah ! disait le grillon, que son sort et le mien
Sont différents : Dame Nature
Fit pour lui tout et pour moi rien.
Je n'ai point de talents, encore moins de figure ;
Nul ne prend garde à moi, l'on m'ignore ici bas :
Autant vaudrait n'exister pas. »
Comme il parlait, dans la prairie,
Arrive une troupe d'enfants.
Aussitôt, les voilà courant
Après ce papillon dont ils ont tous envie.
Chapeaux, mouchoirs, bonnets servent à l'attraper ;
L'insecte, vainement, cherche à leur échapper.
Il devient sitôt leur conquête.
L'un le saisit par l'aile, un autre par le corps,
Un troisième survient et le prend par la tête ;

Il ne fallait pas tant d'efforts
Pour déchirer la pauvre bête :
« Oh ! oh ! dit le grillon, je ne suis plus fâché ;
Il en coûte trop cher pour briller dans le monde ;
Combien je vais aimer ma retraite profonde :
Pour vivre heureux, vivons caché. »

FLORIAN.

Maxime. — La modestie ajoute au mérite et fait pardonner la médiocrité.

PROGRAMME : *Ignorance et paresse*

L'IGNORANT ET LE PARESSEUX

Un des plus beaux génies du XVIIe siècle, Blaise Pascal *, a dit que « l'orgueil et la paresse étaient les deux sources de tous les vices. »

Cette pensée, profondément vraie, nous rappelle l'anecdote * suivante :

Un riche cultivateur avait deux enfants. L'aîné, qui se nommait François, avait, dès son enfance, manifesté le goût du travail ; il suivait avec assiduité la classe et écoutait avec attention les leçons de l'instituteur. Le cadet *, nommé Jean, avait, au contraire, l'esprit le plus indiscipliné. La paresse avait chez lui pris un tel empire qu'il négligeait tous ses devoirs, manquait la classe et n'écoutait les conseils de personne. Il se complaisait * dans son ignorance, prétextant que le travail intellectuel est inutile et qu'il n'est pas nécessaire, pour être honnête homme, de connaître la grammaire, le calcul, l'histoire et la géographie.

Qu'arriva-t-il ? Après la mort de leurs parents, François et Jean se partagèrent leur succession. Jean, adonné à la paresse, eut bien vite dissipé dans les cabarets sa part de l'héritage paternel. François, au contraire, sut, par son intelligence, son labeur, faire prospérer son petit patrimoine *. Son instruction lui permettait de se tenir au courant du progrès dans les procédés scientifiques et nouveaux employés dans la culture. Lorsqu'il avait une difficulté avec un voisin sur les limites d'une propriété, il pouvait, par lui-même et au moyen de ses connaissances en arpentage, délimiter la parcelle litigieuse*. Comme il passait pour un parfait honnête homme, ses voisins avaient une entière confiance en lui et acceptaient son travail. Il évita plusieurs procès longs et dispendieux*.

Bien souvent, Jean, resté sans ressources, fut obligé d'avoir recours à son frère. Celui-ci l'accueillait toujours avec bonté ; mais il lui faisait de sévères remontrances* et l'engageait sans cesse à travailler. Malheureusement, les habitudes de paresse contractées dans l'enfance subsistent toute la vie. Jean faisait la promesse de se corriger, et, le naturel reprenant aussitôt le dessus, il retombait dans son incorrigible oisiveté. François, ayant une nombreuse famille à élever, se trouva bientôt dans l'impossibilité de fournir à Jean les secours qu'il lui avait jusqu'alors prodigués, et celui-ci mourut dans la misère, après avoir subi l'humiliation de recourir à la charité publique et de mendier son pain.

FRANCEY.

Réflexions. — Un ignorant est un être incomplet. Il lui manque les yeux et les oreilles de l'intelligence. C'est un aveugle au milieu des beautés de la nature ; c'est un sourd auquel on voudrait faire juger des morceaux de musique. Il faut plaindre les jeunes gens qui refusent d'étudier sous prétexte que les commencements sont difficiles. Ils ne se doutent pas de quelles heures délicieuses leur lâcheté les prive dans l'avenir.

Maxime. — La paresse est un souverain qui abdique pour tomber dans l'esclavage.

LEXIQUE

Pascal . . . . . Mathématicien et littérateur français (1623-1662).
Anecdote . . . Récit particulier d'un fait.
Cadet . . . . . Frère puîné.
Complaire . . . Plaire à force de prévenances.
Patrimoine . . Héritage laissé par les parents.
Litigieuse . . . Qui peut être contesté en justice.
Dispendieux . Qui nécessite une forte dépense.
Remontrance . Avis quelquefois donné d'un ton sévère.

LES FRUITS D'UN TRAVAIL PERSÉVÉRANT

Dans ma jeunesse, j'aimais beaucoup à dormir, et ma paresse me dérobait la moitié de mon temps. Mon pauvre Joseph (1) faisait tout ce qu'il pouvait pour la vaincre, sans pouvoir réussir. Je lui promis un écu toutes les fois qu'il me forcerait de me lever à six heures. Il ne manqua pas le jour suivant de venir me tourmenter* à l'heure indiquée; mais je lui répondis fort brusquement. Le jour d'après il vint encore : cette fois-là, je lui fis de grandes menaces qui l'effrayèrent. « Ami Joseph, lui dis-je dans l'après-midi, j'ai perdu mon temps et tu n'as rien gagné; tu n'entends pas bien ton affaire : ne pense qu'à ma promesse, et ne fais désormais aucun cas de mes menaces. » Le lendemain, il recommença à m'éveiller. D'abord je le priai, je le suppliai, puis je me fâchai; mais il n'y fit aucune attention, et me força de me lever malgré moi. Ma mauvaise humeur ne durait guère plus d'une heure après le moment du réveil; il en était récompensé alors par mes remerciements et par ce qui lui était promis. Je dois au pauvre Joseph dix ou douze volumes de mes ouvrages.

BUFFON *.

Réflexions. — Il y a trois moyens d'acquérir l'aisance : 1° le *travail*, qui est la sauvegarde de l'homme, sa consolation et son plus grand bonheur; 2° l'*ordre*, qui est la règle de nos actions, de nos sentiments, et nous enseigne à nous conduire toujours, d'après les lois aussi invariables, dans le monde moral, que le sont les lois d'après lesquelles, dans le monde physique, se meuvent les astres et se renouvellent les saisons; 3° l'*économie*, qui nous enseigne à bien user des produits de notre travail pour la satisfaction de nos besoins, l'aisance de notre famille, le soulagement des infortunes qu'il nous est possible de secourir et l'accumulation des épargnes qui nous permettront de vivre dans la vieillesse du fruit de nos travaux.

Maxime. — L'instruction est la première des richesses.

LEXIQUE

Tourmenter. . Faire souffrir quelque douleur violente à quelqu'un.
Buffon. . . . . Célèbre naturaliste, né à Montbard (Côte-d'Or), 1707-1788, auteur de plusieurs traités d'histoire naturelle.

---

(1) Domestique qui servit Buffon pendant soixante-cinq ans.

L'INSTRUCTION

« C'est dur tout de même d'étudier.

— Hé ! tout est dur dans ce monde. Si les pommes et les poires roulaient sur la grande route, on ne planterait pas d'arbres ; si le pain venait dans votre poche, on ne retournerait pas la terre, on ne sèmerait pas le grain, on ne demanderait pas la pluie et le soleil, on ne faucillerait * pas, on ne mettrait pas en gerbes, on ne battrait pas en grange, on ne vannerait * pas, on ne porterait pas les sacs au moulin, on ne moudrait pas, on ne traînerait pas la farine chez le boulanger, on ne pétrirait pas, on ne ferait pas cuire ; ce serait bien commode, mais ça ne peut pas venir tout seul, il faut que les gens s'en mêlent. Tout ce qui pousse seul ne vaut rien, comme les chardons, les orties, les épines et les herbes tranchantes au fond des marais. Et plus on prend de peine, mieux ça vaut ; comme pour la vigne au milieu des pierrailles, sur les hauteurs, où l'on porte du fumier dans les hottes ; c'est aussi bien dur, Jean-Pierre, mais le vin aussi est bon. Si tu voyais, en Espagne, dans le midi de la France, et le long du Rhin, comme on travaille au soleil pour avoir du vin, tu dirais : « C'est encore bien heureux de rester assis à l'ombre et d'apprendre quelque chose qui nous profitera toujours ! » Maintenant, je te fais retourner et ensemencer à l'école, et plus tard qui est-ce qui coupera le grain ? qui est-ce qui aura du pain sur la planche ? Ce sera toi, Jean-Pierre. »

ERCKMANN-CHATRIAN.

Réflexions. — Prenez dès l'école l'habitude du travail, et vous vous préparerez une vie à la fois honorable et tranquille.

Maxime. — Où l'école s'emplit la prison se vide : l'ignorance mène toujours à la servitude.

LEXIQUE

Faucillerait. . Couperait avec une faucille.
Vannerait. . . Séparerait le grain des impuretés.

EXERCICES ORAUX ET ÉCRITS

1. Où conduit le vagabondage? Que pensez-vous de ce proverbe : « Pierre qui roule n'amasse pas mousse? »
2. Pourquoi dit-on : « Que la paresse est un souverain qui abdique pour tomber dans l'esclavage? »
3. Parlez des avantages que procure l'instruction.

PROGRAMME : *Courage dans le péril et le malheur*

CIRCONSPECTION ET SANG-FROID

Les soldats de Gonzalve de Cordoue, fameux général espagnol, ne recevant pas leur solde *, se mutinèrent. Il employa, pour les apaiser, la patience et la douceur, et usa d'une prudence admirable pour empêcher que la mutinerie * ne dégénérât en révolte. L'un d'eux, plus emporté que les autres, tourne contre lui la pointe de sa hallebarde *. Gonzalve, en prenant cette menace au sérieux, pouvait provoquer l'exaspération* des mutins, et, par suite, celle des soldats demeurés fidèles, et le sang aurait infailliblement coulé. Il saisit le bras du soldat, et, prenant un air riant, comme si ce n'eût été qu'un jeu : « Prends garde, camarade, dit-il ; en voulant badiner avec cette arme, tu pourrais me blesser. » Ainsi, sa prudence empêcha la sédition * d'éclater. Sa fermeté fit le reste.

Réflexions. — Restez calmes en présence du danger et vous le vaincrez certainement.

Maxime. — Courage c'est salut.

LEXIQUE

Solde	Paye donnée aux gens de guerre.
Mutinerie. . .	Révolte, obstination.
Hallebarde . .	Pique garnie d'un fer large et pointu à une extrémité.
Exaspération.	Irritation poussée à l'excès.
Sédition . . .	Emeute populaire; révolte contre un pouvoir établi.

BELLE CONDUITE D'UNE INSTITUTRICE

Dans le courant du mois de juin 1858, un terrible incendie a réduit en cendres, à Liège, un groupe scolaire où étaient réunis environ deux cent cinquante garçons et un nombre égal de filles.

A la première alerte*, les instituteurs terminèrent la classe, firent descendre les enfants et opérèrent la sortie en bon ordre. Mais, du côté des institutrices les choses ne purent se passer aussi facilement : l'incendie, au moment de la retraite, avait fait des progrès rapides.

Toutes les précautions furent prises pour que les élèves descendissent l'escalier sans encombrement, et plus de deux cents jeunes filles sortirent ainsi sans trop d'inconvénients. Cependant, l'incendie continuant ses terribles ravages, l'escalier fut bientôt envahi par les flammes et la fumée et devint impraticable. Toute communication avec le dehors était interceptée *, et il restait encore de trente-cinq à quarante élèves dans l'établissement, avec une maîtresse qui ne devait quitter son poste que la dernière !

Qu'allaient devenir ces pauvres enfants ? Leur sort dépendait en quelque sorte de cette institutrice, qui montra, dans la circonstance, un sang-froid et une présence d'esprit vraiment admirables.

Elle fit entrer les élèves dans une chambre que les flammes avaient épargnée jusqu'alors ; elle en ferma immédiatement la porte, afin d'empêcher tout accès à la fumée et d'éviter l'asphyxie *.

La salle était éclairée par une grande fenêtre, semblable à celle d'une église, où s'entrecroisaient des barres de fer. Rien ne s'y ouvrait.

A coups de poing, la dévouée institutrice brisa les vitres et pratiqua une ouverture entre les barreaux. Elle avertit les spectateurs du point où il fallait porter les secours pour sauver cette intéressante jeunesse. La première échelle était trop courte. Une seconde n'atteignait point encore la hauteur de l'ouverture ; mais néanmoins on put commencer tout de suite le sauvetage.

La vaillante institutrice passa successivement les enfants par l'ouverture qu'elle avait pratiquée ; des hommes courageux les recevaient et les descendaient. Comment décrire l'anxiété des personnes qui, de l'extérieur, assistaient à cette scène si émouvante?

Témoins des progrès que faisait le terrible élément, elles se demandaient si tout le monde pourrait échapper au péril dont l'imminence * s'accroissait de seconde en seconde.

En effet, le danger devenait de plus en plus pressant. A l'intérieur, la fumée avait envahi la chambre, et des langues de feu perçaient le plancher, tandis que la valeureuse institutrice continuait son œuvre de dévouement.

Un soupir de soulagement s'échappa de toutes les poitrines quand on apprit que la dernière enfant était descendue. Mais l'institutrice!

Un moment elle hésita à descendre. Elle aurait voulu, par modestie, se dérober aux acclamations de la foule. Enfin, elle s'abandonna dans les bras d'un des courageux sauveteurs. La foule l'entoure; les parents des enfants qu'elle a si vaillamment arrachées à la mort veulent lui faire une ovation * triomphale, mais elle se retire modestement et disparaît.

La conduite de cette brave jeune fille a été héroïque. S'il y avait eu chez elle un moment de trouble, d'indécision, de faiblesse, on aurait eu à déplorer une catastrophe * non moins terrible que celle de l'Opéra-Comique *, dont Paris et la France entière garderont longtemps le triste souvenir.

Réflexions. — Dans les périls, la puissance de la volonté n'est pas d'un moins grand secours que la force du corps. N'ayez peur de rien que de la peur. Si vous gardez votre sang-froid en face d'un danger, vous l'avez à moitié vaincu.

Maxime. — Une volonté forte triomphe toujours de tout, même des infirmités de la nature.

LEXIQUE

Alerte.	Emotion produite par le signal d'un danger.
Interceptée . .	Arrêtée au passage.
Asphyxie . . .	Suspension de la respiration.

Imminence . . Caractère de ce qui est menaçant.
Ovation . . . . Honneur triomphal rendu à une personne en lui faisant cortège.
Catastrophe. . Grand malheur, fin tragique.
Opéra-Comique Théâtre de Paris, incendié en 1887, pendant un opéra et où un grand nombre de personnes ont trouvé la mort.

EXERCICES ORAUX ET ÉCRITS

1. Donnez des exemples où, en conservant leur sang-froid, des personnes sont sorties du danger sans éprouver d'accident.
2. Expliquez cette maxime : « Courage, c'est salut. »
3. Parlez de la fermeté et de la présence d'esprit de Gonzalve de Cordoue, et tirez la conclusion qui convient.

Programme : *Danger de la colère. — Douceur, même envers les animaux*

LE COCHER MODÈLE

On dit trop de mal des cochers pour n'en pas dire un peu de bien quand l'occasion s'en présente. Or, voici ce que j'ai vu et ce que je me fais un plaisir de raconter :

C'était la nuit, vers dix heures, sur une avenue * paisible, où je me promenais tranquillement.

Arrive un fiacre * au petit trot; les sabots du cheval résonnaient sur l'asphalte * dans le silence de l'avenue déserte.

Tout à coup, le bruit cesse, je me retourne, et je vois le cheval qui reculait, reculait, et j'entends le cocher qui, d'une voix douce, lui disait : « Allons, Coco, ce n'est rien, n'aie pas peur. » Il ne voulait rien entendre, il reculait toujours, et déjà la voiture, poussée à reculons, avait une roue sur le trottoir.

Je m'approche par curiosité : tout autre en eût fait autant; mais ce qui m'attirait surtout, c'était la douceur inaccoutumée du cocher, qui, sans s'impatienter, continuait à dire : « Allons, Coco, ce n'est rien, n'aie pas peur. »

Combien, en pareil cas, prennent leur fouet par le petit bout et frappent leurs pauvres bêtes avec le manche, à tour de bras, en dépit de la loi Grammont *. Mais de quoi Coco avait-il peur ?

Une de ces lourdes voitures à gros rouleau de pierre, qui servent à écraser les cailloux et à niveler les chaussées, avait été laissée le long du trottoir, les bras en l'air. Sa forme insolite * avait effrayé la bête, du reste un peu ombrageuse. Elle pointait les oreilles, ses genoux tremblaient. Le cocher descendit, sans lâcher les rênes, et sans cesser de parler à la bête, comme il eût fait à un être raisonnable : « Allons, Coco, tu t'effrayes pour rien ; » et, le flattant d'une main, et de l'autre lui prenant la bride : « Je vais t'y conduire, va, tu verras ce que c'est, allons-y les deux. » Je m'étais encore rapproché, et, voulant participer, autant qu'il m'était possible, aux louables efforts du cocher, je m'étais placé près du rouleau, entre les bras de la voiture, et, sans y songer, je répétais, moi aussi : « Allons, Coco ! Allons, Coco ! tu vois bien que ce n'est rien. »

Cependant, Coco était arrivé, quoique non sans peine, auprès du rouleau, et il soufflait, soufflait et jetait la tête à droite, à gauche, pour ne pas voir. Mais le cocher y mit tout ce qu'il fallait de patience. Une fois la bête un peu rassurée, il la fit avancer pas à pas le long de la voiture, lui tenant la tête tout contre; j'étais dans l'admiration. Enfin, et ceci y mit le comble : quand Coco eut dépassé la machine, comme il manifestait un vif désir de s'en aller au plus vite : « Non pas, lui dit le cocher modèle, allons-y encore une fois, il faut que tu t'y habitues. »

Et il le fit retourner à l'épouvantail, et il le tint quelques minutes en sa présence, toujours lui parlant, lui tapant sur le cou. Et quand Coco eut bien vu la chose par devant, par côté et par derrière, quand ses genoux eurent cessé de trembler, quand ses oreilles furent au repos, et que sous ses œillères * on vit ses yeux rassurés, alors, doucement, toujours doucement, ce maître cocher, digne de conduire des hommes, remonta tranquillement sur son siège, et dit : « Maintenant, Coco, tu peux aller, mais pas trop vite, nous aurions l'air de nous sauver. » Et Coco partit au petit trot, comme il était venu.

Et moi, je restais là, planté sur le bord du trottoir, en me disant : « Quelle leçon! quelle leçon! quel éducateur ! »

Puis, tout à coup, en me frappant le front : « Tu n'es qu'un sot, me dis-je, — tu ne lui as pas demandé son nom, ni son adresse, » et je voulus courir après ; mais Coco avait disparu et son maître avec lui.

Si ces lignes lui tombent sous les yeux, du maître, s'entend, qu'il vienne me voir. Cette petite scène s'est passée avenue de l'Observatoire, près de l'Ecole de Pharmacie, à Paris, le 25 décembre de l'année 1886.

A. VESSIOT.

Réflexions. — L'animal sent et souffre comme nous : faites preuve de bonté envers lui.

Maxime. — Il faut être patient pour être maître de soi et des autres hommes.

LEXIQUE

Avenue. . . . . Chemin planté d'une ou de plusieurs allées d'arbres et qui conduit à une habitation.
Fiacre. . . . . . Petite voiture de louage.
Asphalte . . . . Sorte de bitume employé pour recouvrir les trottoirs.
Loi Grammont . Loi du 2 juillet 1858 qui punit d'amende ou de prison ceux qui exercent de mauvais traitements sur les animaux domestiques.
Insolite . . . . . Inaccoutumé, extraordinaire.
Œillères. . . . . Plaques de cuir qui empêchent le cheval de voir de côté.

LE PRINCE VIOLENT

Une fée bienfaisante apparut un jour à un jeune prince, appelé Violent, et lui fit présent d'un gobelet précieux, en lui disant : « Toutes les fois que vous serez tenté de vous mettre en colère, emplissez d'eau ce gobelet et le videz en trois fois. » Le prince ne tarda pas à éprouver la tentation si bien prévue : Il eut aussitôt recours au moyen indiqué, et l'accès de colère n'aboutit pas. Ayant revu sa protectrice, il lui dit :

« En vérité, Madame, j'admire la vertu de votre présent. — Prince, lui répondit la fée, je ne veux pas vous tromper : il n'y a aucune vertu dans ce gobelet, mais voici en quoi consiste le pouvoir de cette eau bue en trois fois. Un homme ne se laisserait jamais emporter par la colère, si la passion ne le surprenait et lui laissait le temps de réfléchir. Or, en se donnant la peine de verser de l'eau dans le gobelet, en la buvant à trois reprises, on prend du temps, la réflexion vient, les sens se calment et la passion fait place à la raison.

Mme LEPRINCE DE BEAUMONT.

Maxime. — Patience et longueur de temps font plus que force ni que rage.

UN BON PETIT CŒUR

L'hiver était rigoureux. La petite Mina, fille unique de parents riches et généreux, ramassait les miettes de pain qui étaient tombées de sa table, et les gardait soigneusement ; puis elle allait deux fois le jour dans le jardin, y répandait ces miettes sur le sol, et les oiseaux arrivaient et les becquetaient ; mais la main de la petite fille était toute tremblante de froid.

Ses parents la surprirent un jour, et, se réjouissant de lui voir faire cette bonne action, ils lui demandèrent : « Pourquoi fais-tu cela, Mina ?

— C'est que tout est couvert de neige et de glace, répondit-elle. Les petits oiseaux ne peuvent rien trouver à manger, et c'est pour cela que je les nourris, comme vous soulagez les pauvres qui sont dans le besoin.

— Mais, dit le père, tu ne peux pas nourrir tous les oiseaux.

— Père, reprit Mina, est-ce que tous les enfants ne font pas comme moi par toute la terre, de même que tous les riches ont soin des pauvres ? »

Le père regarda la mère en souriant, embrassa son enfant et dit : « O céleste simplicité ! »

KRUMMACHER.

Réflexions. — L'enfant qui maltraite les animaux n'a pas un bon cœur; un jour, il fera de même à ses semblables si l'occasion se présente. Méfiez-vous de lui.

Maxime. — Ne maltraitez jamais les animaux; ils vous rendront en bons services les soins que vous aurez pour eux.

BONTÉ ENVERS LES ANIMAUX

Un jour Bernardin de Saint-Pierre trouva un malheureux chat près d'expirer dans l'égout* d'un ruisseau : il était percé d'un coup de broche* et poussait des cris effrayants. Ému de pitié, il le cache sous son habit, le porte furtivement* au grenier, lui fait un lit de foin et vient lui donner à boire et à manger à toutes les heures du jour, partageant avec lui son déjeuner et son goûter, et lui tenant fidèle compagnie.

Au bout de quelques semaines, le pauvre animal avait recouvré la santé. Il devint un excellent chasseur de souris, mais si sauvage qu'il ne se montrait plus qu'à la voix de son ami. Il se promenait autour de lui, enflant sa queue, se caressant au mur et fuyant au moindre mouvement, au bruit le plus léger. A la fois méfiant et reconnaissant, il vit toujours un homme dans son libérateur*.

Réflexions. — Nous devons traiter les animaux domestiques avec douceur. Quant aux animaux nuisibles, nous devons les détruire sans les torturer.

Maxime. — L'ingratitude est un vice contre nature; les animaux eux-mêmes sont reconnaissants.

LEXIQUE

Egout . . . . . Conduit pour l'écoulement des eaux sales.
Broche . . . . Verge de fer pour faire rôtir la viande ; grosse aiguille.
Furtivement . . A la dérobée.
Libérateur . . Celui qui délivre quelqu'un d'un danger.

NE TOUCHEZ PAS AUX NIDS

Je me souviens qu'un jour, dans mon enfance, étant à la promenade avec les pensionnaires du collège de

Sens, nous entrâmes dans un bois pour y chercher des nids d'oiseaux. On se sépara et je cherchai de mon côté avec ardeur, car jamais je n'avais encore déniché un seul œuf ou un seul petit, et mes camarades se moquaient de ma maladresse. Après avoir battu le taillis* pendant plus d'une heure, tout à coup, sur une branche d'un petit chêne, à trois pieds de terre, j'aperçois un beau nid de merle. Tout tremblant d'émotion, j'approche sans bruit, le cou et la main tendus en avant; la mère me voit, m'attend et ne s'envole du nid que lorsque je touche déjà à l'arbre. Il y avait trois œufs, et je m'apprêtais à les prendre; mais, en me retournant, je découvre la mère qui s'était perchée à peu de distance; il me sembla qu'elle me suppliait en me regardant; mon cœur se serra. Le signal du départ se fit entendre à l'entrée du bois; je pris une ferme résolution*, et m'éloignai les mains vides en disant à la mère, comme s'il lui eût été possible de m'entendre : « Reviens, reviens, je t'ai laissé tes œufs, tu retrouveras ta couvée. » Mes camarades avaient presque tous des nids et des oiseaux, se moquaient de moi suivant leur habitude; ils répétaient : « Oh! nous savions bien qu'il ne trouverait rien. » Une mauvaise honte m'empêcha d'avouer le mouvement de compassion qui m'avait saisi; mais j'étais content de moi, et je ne racontai mon aventure qu'à ma bonne mère, qui m'embrassa en pleurant de joie.

Le dommage que peuvent faire les oiseaux est insignifiant, comparé aux services qu'ils rendent

Edouard CHARTON.

Reflexions. — Les oiseaux sont les amis de l'homme, qu'ils égayent par leurs chants; ils sont les meilleurs auxiliaires du laboureur dont ils débarrassent les récoltes des insectes qui les détruiraient complètement.

Maxime. — Dénicher un nid, tuer un oiseau, c'est sauver la vie à des milliers d'insectes.

LEXIQUE

Taillis. . . . . Petit bois que l'on coupe de temps en temps.
Résolution . . Fermeté, courage.

CRUAUTÉ ENVERS LES ANIMAUX

Un enfant se promenait dans un jardin où une caille apprivoisée courait librement à côté de la cage d'un oiseau de proie. Il eut la cruelle fantaisie de saisir la pauvre bête et de la donner à dévorer à l'oiseau. Le héros de cette aventure nous apprend lui-même la punition qu'on lui infligea. « A dîner, dit-il, il y avait grand monde ce jour-là; le maître de maison se mit à raconter la scène froidement, sans réflexions, mais en me nommant. Quand il eut fini, il y eut une espèce d'effroi. J'entendis quelques mots prononcés entre les convives, et, sans que personne m'adressât la parole, je pus comprendre que je faisais sur tout le monde l'effet d'un petit monstre. »

Mme NECKER DE SAUSSURE.

LE CRAPAUD

« Viens vite, Pierre, viens voir :
Un affreux crapaud tout noir! »
Disait Paul à petit Pierre.
« Nous allons le tuer, ça va nous amuser. »
Et Paul prend un bâton, et son frère une pierre;
Ils courent au crapaud pour le martyriser.
Un âne, en ce moment, traînant une charrette,
Allait mettre le pied sur le corps de la bête.

Il s'arrête
Et s'en va de côté pour ne pas l'écraser.
Paul alors dit à petit Pierre
Qui laisse tomber ses cailloux :
« Ah! qu'allions-nous faire, mon frère?
Un âne est moins méchant que nous. »

Louis RATISBONNE.

LA MORT DU CERF

Je me souviens d'avoir assisté, une fois dans ma vie, à la mort d'un cerf, et je me souviens aussi qu'à ce spectacle je fus moins frappé de la joyeuse fureur

Je fus moins frappé de la fureur des chiens que de celle des hommes

des chiens, ennemis naturels de la bête, que de celle des hommes qui s'efforçaient à les imiter. Quant à moi, considérant les derniers abois de ce malheureux animal et ses larmes attendrissantes, je me promis bien qu'on ne me verrait plus à pareille fête.

J.-J. ROUSSEAU.

UTILITÉ DES OISEAUX. — LES NIDS

Mes enfants, ne faites pas la guerre aux petits oiseaux; ils sont les gardiens de nos récoltes, et le dommage qu'ils peuvent faire aux grains et aux fruits est insignifiant comparé au prix des services qu'ils rendent. Ils détruisent les insectes nuisibles, les vers, les larves, les chenilles. Ils égayent les campagnes par leurs chants variés. Quelques-uns d'entre eux indiquent aux laboureurs l'approche des premiers froids qui semblaient encore éloignés. Respectez ces nids suspendus au sommet des arbres. Pensez que ces petits êtres sont inoffensifs. Hier encore, vous étiez persuadés peut-être que chercher des nids, briser les branches qui les soutiennent, étaient choses permises? Aujourd'hui, soyez convaincus qu'en agissant ainsi, vous feriez une mauvaise action.

EXERCICES ORAUX ET ÉCRITS

1. Quels sont vos devoirs envers les animaux et spécialement les animaux domestiques? Pourquoi faut-il les bien traiter?
2. Indiquez quelques animaux utiles et quelques animaux nuisibles? Comment faut-il détruire ces derniers?
3. Pourquoi ne faut-il pas détruire les nids? Parlez de la loi Grammont.

PROGRAMME : *Esprit d'initiative*

AMBROISE PARÉ

Le bien que nous faisons à nos semblables doit être notre plus belle gloire et nos plus belles richesses.

Le père de la chirurgie française, Ambroise Paré, naquit à Laval, dans le Maine, en 1509. Il fut le chirurgien * de Henri II, de François II, de Charles IX et de Henri III. Il jouit d'une grande considération à la cour de Charles IX. Lors du massacre de la Saint-Barthélemy, le roi ne voulut sauver personne que maître Ambroise Paré, son premier chirurgien. « Il l'envoya quérir*, nous dit un chroniqueur* de l'époque, et venir le soir dans son garde-robe*, lui commandant expressément de n'en pas bouger, disant qu'il n'est pas raisonnable qu'un homme qui pouvait servir à tout un monde fût ainsi massacré. »

Des médecins, envieux et jaloux, l'accusèrent, sous François II, d'avoir empoisonné ce prince. « Non, non, dit Catherine de Médicis, Ambroise est trop homme de bien et trop bon ami pour avoir eu même la pensée de ce projet odieux. »

Je l'ai pansé, Dieu l'a guéri

De bonne heure, Ambroise Paré avait montré un grand courage et un rare esprit d'initiative. On raconte qu'un jour, comme il jouait avec des enfants de son âge, l'un d'eux tomba si maladroitement qu'il se fit une profonde blessure à la tête et qu'il perdait beaucoup de sang.

Il s'évanouit. Ambroise, resté seul, s'approcha de ce petit malheureux, lui lava la plaie, la banda avec un mouchoir, et apporta le blessé sur ses épaules au domicile de sa famille.

Un médecin ayant appris cet acte de courage prit

Ambroise chez lui comme aide, et voulut faire son éducation. Il devint, comme on l'a vu plus haut, le médecin de plusieurs rois de France.

Il opéra des cures * éclatantes sur François de Guise et Charles IX.

Le premier avait reçu devant Boulogne un coup de lance, dont le fer et une partie du fût * furent retirés par Ambroise avec une dextérité * merveilleuse.

Les funestes effets d'une saignée faisaient craindre pour les jours de Charles IX. Par une thérapeutique * aussi habile qu'énergique, Paré écarta le danger qui était imminent. Dès lors il fut traité avec beaucoup d'égards par la cour.

Une maladie épidémique, qui avait éclaté à Paris, obligea le roi à quitter la capitale. Paré, quoique son médecin, refusa de le suivre et voulut donner tous ses soins aux malheureux pestiférés *. Il en sauva ainsi un grand nombre en exposant lui-même sa vie.

Quand il avait obtenu une guérison merveilleuse et qu'on l'en félicitait, il répondait modestement :

« Je l'ai pansé, et Dieu l'a guéri. » Ces mots sont gravés sur la statue que la reconnaissance publique lui a élevée à Paris.

(D'après PÉRENNÈS.)

Réflexions. — Beaucoup de découvertes tirent leur origine de faits en apparence insignifiants, mais dont les conséquences sont des bienfaits pour l'humanité. Enfants, observez attentivement chaque chose.

L'esprit d'initiative est un don précieux qui s'acquiert surtout dans les pays de liberté.

Maxime. — Un seul homme, par son génie et par sa persévérance, peut changer de face toute une contrée.

LEXIQUE

Chirurgien . . Artisan qui s'occupe de la guérison de certaines lésions.
Quérir. . . . . Chercher (vieux mot).
Chroniqueur . Celui qui raconte la chronique, c'est-à-dire l'histoire du temps.
Garde-robe . . Chambre destinée à recevoir les habits.
Cure. . . . . . Traitement médical amenant la guérison d'une blessure ou d'une maladie.
Fût . . . . . . Bois sur lequel est montée certaine arme.
Dextérité . . . Adresse, habileté.

Thérapeutique Partie de la médecine qui enseigne la manière de traiter les maladies, les remèdes eux-mêmes.
Pestiféré . . . Qui est atteint de la peste.

LE CHARRETIER EMBOURBÉ

Le phaéton d'une voiture à foin
Vit son char embourbé. Le pauvre homme était loin
De tout humain secours; c'était à la campagne,
Près d'un certain canton de la basse Bretagne,
Appelé Quimper-Corentin.
On sait assez que le Destin
Adresse là les gens quand il veut qu'on enrage.
Dieu nous préserve du voyage!
Pour venir au chartier (1) embourbé dans ces lieux,
Le voilà qui déteste et jure de son mieux,
Pestant, en sa fureur extrême,
Tantôt contre les trous, puis contre ses chevaux,
Contre son char, contre lui-même.
Il invoque à la fin le dieu dont les travaux
Sont si célèbres dans le monde :
Hercule*, lui dit-il, aide-moi; si ton dos
A porté la machine ronde,
Ton bras peut me tirer d'ici.
Sa prière étant faite, il entend dans la nue
Une voix qui lui parle ainsi :
Hercule veut qu'on se remue;
Puis il aide les gens. Regarde d'où provient
L'achoppement qui te retient:
Ote d'autour de chaque roue
Ce malheureux mortier, cette maudite boue
Qui jusqu'à l'essieu les enduit;
Prends ton pic et me romps ce caillou qui te nuit;
Comble-moi cette ornière. As-tu fait? Oui, dit l'homme.
— Or bien! je vais t'aider, dit la voix: prends ton fouet.—
Je l'ai pris... Qu'est ceci? mon char marche à souhait!
Hercule en soit loué! Lors la voix : Tu vois comme
Tes chevaux aisément se sont tirés de là.
Aide-toi, le ciel t'aidera.

LA FONTAINE.

LEXIQUE

Hercule . . . Divinité païenne, célèbre par sa force.

(1) La Fontaine a écrit chartier.

LE VIOLON DE PAGANINI

Un jour que Paganini, célèbre violoniste italien, devait jouer dans une réunion publique, un de ses rivaux, qui ne pouvait lui pardonner sa supériorité, résolut de l'empêcher à tout prix de remporter un nouveau succès. Pour atteindre son but, il se glisse jusqu'à l'endroit où le maître avait déposé son violon, et il en coupe presque complètement trois cordes, au point que les deux parties de celles-ci ne tenaient plus ensemble que par un fil presque imperceptible *. Le moment de débuter arrive. Paganini prend son violon; sur le point de donner son premier coup d'archet *, il s'aperçoit de la ruse machiavélique * ourdie contre lui. Il joue, cependant, et il met peut-être dans l'exécution plus de dextérité *, de talent et d'âme qu'il n'en avait jamais mis jusqu'alors. Tout l'auditoire, sous le charme de ces harmonieux accents, ose à peine respirer, tant il craint d'en perdre quelque chose. Le morceau achevé, des applaudissements frénétiques éclatent de toutes parts. Qu'on se figure la stupéfaction de l'odieux rival, lorsque celui-ci s'aperçoit que le mauvais tour qu'il a voulu jouer à Paganini n'a été pour ce dernier que l'occasion d'un nouveau triomphe.

Des applaudissements frénétiques éclatent de toutes parts

Il s'approche du musicien et constate que le grand artiste n'a joué que sur une seule corde. L'envieux, en voulant couvrir son rival de confusion, n'avait fait que rehausser ses mérites.

Réflexions. — Le génie parvient toujours à triompher de tous les obstacles.

Maxime. — Chacun est l'artisan de sa fortune; chacun est le fils de ses œuvres.

LEXIQUE

Imperceptible.	Qui ne s'aperçoit presque pas.
Archet.	Petit arc tendu avec des crins pour jouer du violon.
Machiavélique	Qui est astucieux, perfide.
Dextérité . . .	Adresse, agilité.

BERNARD PALISSY

Après avoir beaucoup voyagé, tour à tour architecte et arpenteur, Bernard Palissy vint s'établir à Saintes. Là il conçut la pensée de chercher le secret des émaux dont les Italiens recouvraient leurs faïences. Il a raconté lui-même, avec mille détails, dans son livre de « l'Art de la terre, » ses efforts, ses travaux, sa misère. Il construit ses fourneaux, il y dépense ses capitaux, sa santé; ses amis le traitent de fou, sa femme l'accuse d'être la cause de tous leurs maux. Un jour, ne pouvant payer un ouvrier, il lui donne ses vêtements; un autre jour, il jette au feu, pour l'alimenter, les pieux de son jardin, ses escabeaux, ses meubles. Enfin, après seize ans de luttes et d'angoisses, il réussit. On paye aujourd'hui, au poids de l'or, les ouvrages du pauvre potier, véritables joyaux*, qui figurent dans nos musées à côté des vitraux antiques, des tableaux des grands maîtres.

Réflexions. — Nous devons de la reconnaissance aux hommes de génie qui s'exposent aux revers de la fortune et aux moqueries du public pour doter l'humanité de précieuses découvertes.

Maxime. — Il n'est point de découverte qui ne soit ou ne devienne tôt ou tard utile à l'humanité.

LEXIQUE

Joyaux. . . .	Diamants ou ornements très précieux.

EXERCICES ORAUX ET ÉCRITS

1. Montrez que l'esprit d'initiative se développe surtout dans un pays libre.
2. Parlez des services que rendent les grands inventeurs à leur pays et à l'humanité.
3. Parlez des savants qui, comme Pasteur, Roux, travaillant silencieusement dans leurs cabinets, enrichissent l'humanité de leurs découvertes et la préservent de terribles maladies.

CHAPITRE IV

LA DIVINITÉ

Programme : *Dieu. - Sentiment de respect et de vénération pour Dieu, cause première, être parfait*

EXISTENCE DE DIEU

Oui, c'est un Dieu caché que le Dieu qu'il faut croire,
Mais tout caché qu'il est, pour révéler sa gloire,
Quels témoins éclatants devant moi rassemblés !
Répondez, cieux et mers, et vous, terre, parlez!
Quel bras peut vous suspendre, innombrables étoiles.
Nuit brillante, dis-nous qui t'a donné tes voiles.
O cieux, que de grandeur, et quelle majesté !
J'y reconnais un maître à qui rien n'a coûté,
Et qui, dans nos déserts, a semé la lumière,
Ainsi que, dans nos champs, il sème la poussière.

Toi qu'annonce l'aurore, admirable flambeau,
Astre toujours le même, astre toujours nouveau,
Par quel ordre, ô soleil, viens-tu du sein de l'onde
Nous rendre les rayons de ta clarté féconde ?
Tous les jours, je t'attends, tu reviens tous les jours ;
Est-ce moi qui t'appelle et qui règle ton cours?

Et toi, dont le courroux veut engloutir la terre,
Mer terrible, en ton lit quelle main te resserre ?
Pour forcer ta prison, tu fais de vains efforts :
La rage de tes flots expire sur tes bords.
Fais sentir ta vengeance à ceux dont l'avarice
Sur ton perfide sein va chercher son supplice.

Hélas! près de périr, t'adressent-ils leurs vœux ?
Ils regardent le ciel, secours des malheureux.
La nature, qui parle en ce péril extrême,
Leur fait lever les mains vers l'asile suprême :
Hommage que toujours rend un cœur effrayé
Au Dieu que jusqu'alors il avait oublié.

La voix de l'univers à ce Dieu me rappelle,
La terre le publie. Est-ce moi, me dit-elle,
Est-ce moi qui produit mes riches ornements ?
C'est celui dont la main posa mes fondements.
Si je sers tes besoins, c'est lui qui me l'ordonne,
Les présents qu'il me fait, c'est à toi qu'il les donne;
Je me pare des fleurs qui tombent de sa main,
Il ne fait que l'ouvrir et m'en remplit le sein.
Pour consoler l'espoir du laboureur avide,
C'est lui qui, dans l'Egypte où je suis trop aride,
Veut qu'au moment prescrit, le Nil, loin de ses bords,
Répandu sur ma plaine, y porte mes trésors.
A de moindres objets tu peux le reconnoître;
Contemple seulement l'arbre que je fais croître.
Mon suc, dans la racine, à peine répandu,
Du tronc qui le reçoit à la branche est rendu :
La feuille le demande, et la branche fidèle,
Prodigue de son bien, le partage avec elle.

De l'éclat de ses fruits justement enchanté,
Ne méprise jamais ces plantes sans beauté,
Troupe obscure et timide, humble et faible, vulgaire :
Si tu sais découvrir leur vertu salutaire,
Elles pourront servir à prolonger tes jours.
Et ne t'afflige pas, si les leurs sont si courts.
Toute plante en naissant déjà renferme en elle
D'enfants qui la suivront une race immortelle;
Chacun de ces enfants, dans ma fécondité,
Trouve un gage nouveau de sa prospérité.

RACINE.

Réflexions. — De même que des ouvriers ont nécessairement construit votre maison, de même un Etre supérieur, un Dieu, a dû créer aussi le grand univers. Ne prononcez son nom qu'avec le plus grand respect.

Maxime. — Je crois que le monde est gouverné par une volonté puissante et sage: je la vois, ou plutôt je la sens.

DIEU EXISTE

Si une horloge prouve un horloger, si un palais annonce un architecte, comment l'univers ne démontre-t-il pas une intelligence suprême? Quelle plante, quel animal, quel élément, quel astre n'en porte pas l'empreinte? Il me semble que le corps du moindre animal démontre une profondeur, une unité de dessein, qui doivent à la fois nous ravir d'admiration et atterrer notre esprit. Non seulement ce chétif insecte est une machine dont tous les ressorts sont faits exactement l'un pour l'autre; non seulement il est né, mais il vit par un art que nous ne pouvons ni imiter ni comprendre. Je ne sais s'il y a une preuve plus frappante et qui parle plus fortement à l'homme que cet ordre admirable qui règne dans le monde, et si jamais il y a eu un plus bel argument que ce verset : « Les cieux racontent la gloire de Dieu. »

VOLTAIRE.

Maxime. — Les cieux nous révèlent un Dieu tout-puissant.

LA POULETTE

Un bon petit garçon de cinq ou six ans était en train de déjeuner sous les yeux de sa mère; il trempait très consciencieusement, dans un œuf à la coque bien frais et cuit à point, les petites mouillettes de pain que lui taillait sa mère.

« Sais-tu, mon enfant, lui demanda celle-ci, qui a fait cet œuf que tu manges?

— Oui, maman, répondit le bonhomme, c'est la poulette blanche que vous m'avez donnée.

— Et la poulette blanche, d'où est-elle sortie?

— D'un autre œuf.

— Et cet autre œuf, qui l'a fait?

— Oh ! dit l'enfant en riant, c'est une autre poule.

— Et cette autre poule?

— Eh bien! c'est encore un autre œuf et toujours comme cela.

— Et le premier de tous les œufs, qui l'a fait ?

— Mais, maman, c'est la première de toutes les poules.

— Très bien! mais si c'est la première poule qui a fait le premier œuf, qui donc a fait la première poule ? »

L'enfant réfléchit un instant, et, en bon petit philosophe, répondit à sa mère : « C'est le bon Dieu. »

DE SÉGUR.

Maxime. — Tenez votre âme en état de désirer qu'il y ait un Dieu, et vous n'en douterez jamais. (J.-J. ROUSSEAU.)

CROYANCE EN DIEU

C'est le sacré lien de la société,
Le premier fondement de la sainte équité,
Le frein du scélérat, l'espérance du juste.
Si les cieux, dépouillés de leur empreinte auguste,
Pouvaient cesser jamais de la manifester,
Si Dieu n'existait pas, il faudrait l'inventer.
Que le sage l'annonce, et que les grands le craignent.
Rois, si vous m'opprimez, si vos grandeurs dédaignent
Les pleurs de l'innocent que vous faites couler,
Mon vengeur est au ciel, apprenez à trembler.

VOLTAIRE.

Maxime. — Qui craint et aime Dieu pratique la religion.
(J.-J. ROUSSEAU.)

PROGRAMME : *Obéissance aux lois de Dieu*

LE VOYAGEUR DANS LA MONTAGNE

Par un soir d'octobre, vers huit heures, un de mes amis revenait de la foire, et suivait, avec sa voiture, la route très accidentée et très pittoresque* qui conduit chez lui.

Le ciel était noir et un violent orage s'annonçait. Bientôt le négociant fut rejoint par un voyageur inconnu, qui lui demanda une place dans sa voiture. A son grand regret, mon ami ne put lui accorder cette satisfaction, et lui fit remarquer que lui-même avait dû descendre de voiture afin de soulager son cheval, trop chargé déjà pour monter la côte. Puis il ajouta :

« Quand nous serons au sommet de la rampe, je vous donnerai volontiers une place dans ma voiture. »

Le voyageur crut au mauvais vouloir du négociant, et prit aussitôt un sentier qui devait lui permettre de gagner le premier village avant l'orage. Il garda néanmoins rancune à mon ami, et arriva au haut de la côte longtemps avant lui.

Pendant quelques instants, l'ouragan fit rage dans la forêt : le vent furieux hurlait dans les hêtres*, secouant violemment les arbres, et la pluie tombait par rafales*, roulant des blocs énormes au fond des ravines* et menaçant à chaque instant la vie du voyageur. Néanmoins il continua heureusement son chemin.

Arrivé à une des nombreuses courbes que décrit la route, il heurta soudain une énorme pierre qui avait roulé de la montagne voisine, et qui obstruait* le passage.

Elle pouvait faire tomber les voyageurs dans l'abîme ; lui-même s'était blessé assez gravement à la jambe ; mais que serait-il advenu s'il avait été sur une voiture lancée à toute vitesse ? Sûrement cheval et voyageurs auraient été précipités dans le gouffre* où ils auraient trouvé la mort.

Maintenant, il en est quitte pour une blessure à la jambe, et il bénit Dieu de lui avoir sauvé la vie.

Il reprit sa route, mais une voix intérieure lui criait : « Tu peux empêcher un accident : tu peux arracher à une mort certaine le voyageur inconnu qui te suit, épargner les pleurs d'une femme et de pauvres orphelins, et tu ne le ferais pas ?... »

Il reconnut aussitôt la voix de sa conscience ; il se souvint que *tous les hommes sont frères,* oublia son ressentiment*, puis, n'écoutant que cette voix divine, il revint sur ses pas et essaya, mais en vain, de mouvoir l'énorme bloc de pierre.

Il réfléchit un instant, et, marchant à la rencontre du négociant, il l'avertit du danger qu'il courait en cet endroit. Ils firent ensuite route ensemble jusqu'au point dangereux. Leur séparation eut lieu à quelques kilomètres de là ; ils s'étaient rencontrés étrangers l'un à l'autre, une bonne action les avait rendus frères.

Le voyageur s'avançait désormais avec une conscience sereine. Que lui importaient alors l'orage et l'obscurité ! Il avait obéi à la conscience qui est la voix de Dieu lui-même parlant à nos cœurs ; il avait sauvé un inconnu peut-être, mais un frère certainement, et maintenant il éprouvait le bonheur et le calme intérieur que procure toujours une bonne action.

Lorsque notre conscience nous approuve, nous sommes forts : c'est Dieu qui nous dirige.

Réflexions. — Dieu veut que tous les hommes s'aiment comme des frères : c'est lui qui nous donne la force de remplir nos devoirs ; obéissons donc à ses lois telles que nous les révèlent notre conscience et notre raison.

Maxime. — Ne vouloir que ce que Dieu veut, est la seule science qui nous mette en repos.

LEXIQUE

Pittoresque. . A la fois sauvage et agréable.
Hêtre . . . . . Grand arbre qui produit la faine.
Rafale. . . . . Coup de vent violent.
Ravine . . . . Torrent qui tombe avec impétuosité; lit de ce torrent.
Obstruer . . . Boucher, embarrasser.
Gouffre . . . . Abîme, précipice.
Ressentiment. Souvenir d'une injure.

L'IMMORTALITÉ DE L'AME

N'est-il pas vrai que nous avons tous, au fond du cœur, la pensée et le désir de la vie future? Sans doute, à votre âge, on ne pense pas encore à l'immortalité pour soi-même, parce qu'on a la vie devant soi, mais vous y pensez déjà pour ceux que vous chérissez et qui ne sont plus. Et plus tard, quand vous aurez un peu vieilli, vous y penserez pour vous-même. Ce désir pourrait-il être trompeur? N'est-ce pas la nature, n'est-ce pas Dieu lui-même qui l'a mis au fond de vos âmes? Et pourquoi votre désir ne serait-il pas satisfait? L'âme, étant autre chose que le corps, n'est pas nécessairement enveloppée dans la ruine du corps! Elle peut lui survivre, comme l'habitant survit à la maison qui croule. Et il est juste, il est nécessaire qu'elle survive.

En effet, l'homme qui accomplit son devoir a droit à une récompense, et à une récompense qui soit l'équivalent de son mérite. Or, il ne la trouve pas toujours ici-bas. Ni le témoignage de la conscience, ni l'estime publique, ni les avantages qui résultent de la pratique de certaines vertus, ne suffisent à récompenser l'honnête homme de ses travaux et de ses souffrances.

COMPAYRÉ.

Maxime. — La gloire des hommes de bien est dans leur conscience même.

LE REMORDS

Quand on a fait le mal volontairement, quand on a clairement vu son devoir et qu'on a fait tout le contraire, on a honte et dégoût de soi. Le malaise intérieur qu'on éprouve alors s'appelle le remords, et c'est de toutes les souffrances la plus insupportable. Si la faute commise est un vrai crime, l'angoisse du remords fait perdre le sommeil et ne laisse plus de repos; elle va parfois jusqu'à faire perdre la raison. Jour et nuit on a ses crimes sous les yeux, on tremble qu'ils ne soient découverts, on se figure à chaque instant que les autres le savent; et, en effet, on leur révèle par sa pâleur ou sa rougeur. La faute est comme écrite sur le front du coupable. Un grand poète français a représenté Caïn, après le meurtre d'Abel, fuyant, avec sa femme et ses enfants, épouvanté, sans cesse obsédé par la vision d'un œil ouvert sur lui et qui le regarde fixement ; en vain, pour échapper à ce regard, il traverse les plaines et les montagnes, en vain il se cache, en vain il se fait creuser un abri sous la terre : l'œil est toujours là qui le regarde. C'est l'image du remords qui suit partout le coupable et ne lui laisse plus de repos.

Maxime. — La conscience est l'interprète de la loi de Dieu.

LE REMORDS DE CAÏN

Il vit dans les cieux mornes l'œil à la même place

Lorsqu'avec ses enfants vêtus de peaux de bêtes,
Caïn se fut enfui de devant Jéhovah,
Comme le soir tombait, l'ombre sombre arriva
Au bas d'une montagne, en une grande plaine ;
Sa femme fatiguée et ses fils hors d'haleine
Lui dirent : « Couchons-nous sur la terre et dormons. »
Caïn, ne dormant pas, songeait, au pied des monts.
Ayant levé la tête, au fond des cieux funèbres
Il vit un œil tout grand ouvert dans les ténèbres,
Et qui le regardait dans l'ombre fixement.
« Je suis trop près, » dit-il avec un tremblement.
Il réveilla ses fils dormant, sa femme lasse,
Et se mit à fuir sinistre dans l'espace.
Il marcha trente jours, il marcha trente nuits,
Il allait, muet, pâle et frémissant aux bruits,

Furtif, sans regarder derrière lui, sans trêve,
Sans repos, sans sommeil; il atteignit la grève
Des mers, dans le pays qui fut depuis Assur.
« Arrêtons-nous, dit-il, car cet asile est sûr.
Restons-y. Nous avons du monde atteint les bornes. »
Et, comme il s'asseyait il vit dans les cieux mornes
L'œil à la même place, au fond de l'horizon.
Alors il tressaillit, en proie d'un noir frisson.
« Cachez-moi! » cria-t-il; et, le doigt sur la bouche,
Tous ses fils regardaient trembler l'aïeul farouche.

Victor HUGO.

Maxime. — Contre Dieu, nul ne peut.

LA CONSCIENCE

Minuit sonnait au clocher du village.
La lune, rayonnant dans un ciel sans nuage,
Se mirait dans l'étang; d'un souffle langoureux
La brise par instants caressait le feuillage
Des bois silencieux.
Tout dormait, sauf un homme amateur du mystère,
Qui s'en allait dans le champ du voisin
Dérober des pommes de terre.
Il poussait sa brouette en montant le chemin;
La roue, à chaque tour, criait en son langage :
Nous serons pris, nous serons pris, nous serons pris!
Non, non! murmurait l'homme; et les chauves-souris
Disaient : *Si, si!* sur son passage,
Et tournoyaient avec de petits cris.
Il arrive pourtant et remplit sa brouette.
Du haut d'un gros noyer voilà qu'une chouette
Lui crie : *Hu, hu! je t'ai vu, je t'ai vu!*
Notre coquin eut peur et prit la fuite,
Et la roue, en tournant plus vite,
Lui chantait : *Tu seras pendu!*
Il rentra fort ému, mais sans autre aventure.
Tandis qu'il cachait sa capture,
Il entendit un chat qui criait : *Miaou!*
Oh! le filou, Oh! le filou!
Il dormit mal, et rêva de gendarmes.
Il s'éveillait, honteux de ses alarmes,
Quand tout à coup le coq chanta : *Kirikiki!*
Bien mal acquis, bien mal acquis!

Il sort furieux : « Eh bien, oui, sale bête !
J'ai volé ; mais j'aurai ta langue avec ta tête. »
Un voisin l'entendit, vite en secret conta
La chose à sa voisine : elle la rapporta
A deux commères fort discrètes ;
Bref, un ami courut prévenir les sergents,
Qui menèrent mon homme où vont les braves gens
Qui, sans payer, font leurs emplettes.
Voilà mon conte, et je crois, mes amis,
Qu'il justifie assez le titre que j'ai mis.

STOP.

Maxime. — La gloire des hommes de bien est dans leur conscience même et non dans la bouche des hommes.

EXERCICES ORAUX ET ÉCRITS

1. La conscience est un tribunal intérieur auquel nous devons obéir par respect pour le Créateur. Justifiez cette pensée.
2. Dites ce qu'a été la conduite du voyageur et montrez combien elle était digne.
3. L'homme de bien fait le bien par obéissance à sa conscience et à sa raison. Faites voir, d'après le récit précédent, que ne pas leur obéir, c'est s'exposer à être dévoré par le remords. Dire ce que c'est que le remords.

DÉCLARATION DES DROITS DE L'HOMME ET DU CITOYEN

Les Représentants du Peuple français, constitués en Assemblée nationale, considérant que l'ignorance, l'oubli et le mépris des droits de l'homme sont les seules causes des malheurs publics ou de la corruption des Gouvernements, ont résolu d'exposer, dans une déclaration solennelle, les droits naturels, inaliénables et sacrés de l'homme, afin que cette déclaration, constamment présente à tous les membres du corps social, leur rappelle sans cesse leurs droits et leurs devoirs ; afin que les actes de Pouvoir législatif et ceux du Pouvoir exécutif, pouvant être à chaque instant comparés avec le but de toute institution politique, en soient plus respectés ; afin que les réclamations des citoyens, fondées désormais sur des principes simples et incontestables, tournent toujours au maintien de la

Constitution et au bonheur de tous. En conséquence, l'Assemblée nationale reconnaît et déclare, en présence et sous les auspices de l'Être suprême, les droits suivants de l'homme et du citoyen :

Art. 1er. — « Les hommes naissent et demeurent libres et égaux en droits. Les distinctions sociales ne peuvent être fondées que sur l'utilité commune. »

Art. 2. — « Le but de toute association politique est la conservation des droits naturels et imprescriptibles de l'homme. Ces droits sont la *liberté*, la *sûreté* et la *résistance à l'oppression*. »

Art. 3. — « Le principe de toute souveraineté réside essentiellement dans la Nation; nul corps, nul individu ne peut exercer d'autorité qui n'en émane expressément. »

Art. 4. — « La liberté consiste à pouvoir faire tout ce qui ne nuit pas à autrui : ainsi l'exercice des droits naturels de chaque homme n'a de bornes que celles qui assurent aux autres membres de la société la jouissance de ces memes droits. Ces bornes ne peuvent être déterminées par la loi. »

Art. 5. — « La loi n'a le droit de défendre que les actions nuisibles à la société. Tout ce qui n'est pas défendu par la loi ne peut être empêché, et nul ne peut être contraint à faire ce qu'elle n'ordonne pas. »

Art. 6. — « La loi est l'expression de la volonté générale. Tous les citoyens ont le droit de concourir personnellement ou par leurs représentants à sa formation. Elle doit être la même pour tous, soit qu'elle protège, soit qu'elle punisse. Tous les citoyens, étant égaux à ses yeux, sont également admissibles à toutes les dignités, places et emplois publics, selon leur capacité, et sans autre distinction que celle de leurs vertus et de leurs talents. »

Art. 7. — « Nul homme ne peut être accusé, arrêté ni détenu que dans des cas déterminés par la loi, et selon les formes qu'elle a prescrites. Ceux qui sollicitent, expédient, exécutent ou font exécuter des ordres arbitraires, doivent être punis ; mais tout citoyen appelé ou saisi en vertu de la loi doit obéir à l'instant; il se rend coupable par la résistance. »

Art. 8. — « La loi ne doit établir que des peines strictement et évidemment nécessaires, et nul ne peut être puni qu'en vertu d'une loi établie et promulguée antérieurement au délit et légalement appliquée. »

Art. 9. — « Tout homme étant présumé innocent jusqu'à ce qu'il ait été reconnu coupable, s'il est jugé indispensable de l'arrêter, toute rigueur qui ne serait pas nécessaire pour s'assurer de sa personne doit être sévèrement réprimée par la loi. »

Art. 10. — « Nul ne doit être inquiété pour ses opinions, même religieuses, pourvu que leur manifestation ne trouble pas l'ordre public établi par la loi. »

Art. 11. — « La libre communication des pensées et des opinions est un des droits les plus précieux de l'homme ; tout citoyen peut donc parler, écrire, imprimer librement, sauf à répondre de l'abus de cette liberté dans les cas prévus par la loi. »

Art. 12. — « La garantie des droits de l'homme et du citoyen nécessite une force publique ; cette force est donc instituée pour l'avantage de tous, et non pour l'utilité particulière de ceux auxquels elle est confiée. »

Art. 13. — « Pour l'entretien de la force publique et pour les dépenses de l'administration, une contribution commune est indispensable ; elle doit être également répartie entre tous les citoyens, en raison de leurs facultés. »

Art. 14. — « Tous les citoyens ont le droit de constater, par eux-mêmes ou par leurs représentants, la nécessité de la contribution publique, de la consentir librement, d'en suivre l'emploi, et d'en déterminer la quotité, l'assiette, le recouvrement et la durée. »

Art. 15. — « La Société a le droit de demander compte à tout agent public de son administration. »

Art. 16. — « Toute Société dans laquelle la garantie des droits n'est pas assurée, ni la séparation des Pouvoirs déterminée, n'a point de Constitution. »

Art. 17. — « La propriété étant un droit inviolable et sacré, nul ne peut en être privé, si ce n'est lorsque la nécessité publique l'exige évidemment, et sous la condition d'une juste et préalable indemnité. »

LA MARSEILLAISE

PREMIER COUPLET

Allons, enfants de la patrie,
Le jour de gloire est arrivé,
Contre nous de la tyrannie
L'étendard sanglant est levé *(bis)*.
Entendez-vous dans les campagnes
Mugir ces féroces soldats?
Ils viennent jusque dans vos bras
Egorger vos fils, vos compagnes.

Aux armes, citoyens!
Formez vos bataillons!
Marchons, marchons!
Qu'un sang impur
Abreuve nos sillons.

DEUXIÈME COUPLET

Que veut cette horde d'esclaves,
De traîtres, de rois conjurés?
Pour qui ces ignobles entraves,
Ces fers dès longtemps préparés? *(bis)*.
Français, pour nous, ah! quel outrage!
Quels transports il doit exciter!
C'est nous qu'on ose méditer
De rendre à l'antique esclavage!...

Aux armes, etc.

TROISIÈME COUPLET

Quoi! des cohortes étrangères
Feraient la loi dans nos foyers?
Quoi! ces phalanges mercenaires
Terrasseraient nos fiers guerriers? *(bis)*.
Grand Dieu! par des mains enchaînées
Nos fronts sous le joug se ploieraient!
De vils despotes deviendraient
Les maîtres de nos destinées!...

Aux armes, etc.

QUATRIÈME COUPLET

Tremblez, tyrans, et vous, perfides!
L'opprobre de tous les partis;
Tremblez! vos projets parricides
Vont enfin recevoir leur prix. *(bis).*
Tout est soldat pour vous combattre;
S'ils tombent, nos jeunes héros,
La France en produit de nouveaux
Contre vous tout prêts à se battre!...

Aux armes, etc.

CINQUIÈME COUPLET

Français, en guerriers magnanimes,
Portez ou retenez vos coups;
Epargnez ces tristes victimes
A regret s'armant contre nous; *(bis).*
Mais ces despotes sanguinaires,
Mais les complices de Bouillé,
Tous ces tigres, qui sans pitié,
Déchirent le sein de leur mère!...

Aux armes, etc.

SIXIÈME COUPLET

Nous entrerons dans la carrière
Quand nos aînés n'y seront plus;
Nous y trouverons leur poussière
Et la trace de leurs vertus! *(bis).*
Bien moins jaloux de leur survivre
Que de partager leur cercueil,
Nous aurons le sublime orgueil
De les venger ou de les suivre!...

Aux armes, etc.

SEPTIÈME COUPLET

Amour sacré de la patrie,
Conduis, soutiens nos bras vengeurs;
Liberté, Liberté chérie!
Combats avec tes défenseurs. *(bis).*

Sous nos drapeaux que la Victoire
Accoure à tes mâles accents;
Que tes ennemis expirants
Voient ton triomphe et notre gloire!

Aux armes, etc.

ROUGET DE L'ISLE.

LE CHANT DU DÉPART

PREMIER COUPLET

La Victoire en chantant nous ouvre la barrière,
La Liberté guide nos pas,
Et du Nord au Midi la trompette guerrière
A sonné l'heure des combats.
Tremblez, ennemis de la France!
Rois ivres de sang et d'orgueil,
Le peuple souverain s'avance,
Tyrans, descendez au cercueil!

CHŒUR

La République nous appelle,
Sachons vaincre ou sachons périr :
Un Français doit vivre pour elle ;
Pour elle un Français doit mourir. } (bis).

DEUXIÈME COUPLET

UNE MÈRE DE FAMILLE

De nos yeux maternels ne craignez point les larmes :
Loin de nous de lâches douleurs.
Nous devons triompher quand vous prenez les armes ;
C'est aux rois à verser des pleurs.
Nous vous avons donné la vie ;
Guerriers, elle n'est plus à vous :
Tous vos jours sont à la patrie ;
Elle est votre mère avant nous.

CHŒUR DES MÈRES DE FAMILLE

La République, etc.

TROISIÈME COUPLET

DEUX VIEILLARDS

Que le fer paternel arme la main des braves ;
Songez à nous au champ de Mars ;
Consacrez dans le sang des rois et des esclaves
Le fer béni par vos vieillards ;
Et, rapportant sous la chaumière
Des blessures et des vertus,
Venez fermer notre paupière
Quand les tyrans n'y seront plus.

CHŒUR DES VIEILLARDS

La République, etc.

QUATRIÈME COUPLET

UN ENFANT

De Bara, de Viala, le sort nous fait envie ;
Ils sont morts, mais ils ont vaincu ;
Le lâche, accablé d'ans, n'a point connu la vie ;

Qui meurt pour le peuple a vécu;
Vous êtes vaillants, nous le sommes;
Guidez-nous contre les tyrans;
Les républicains sont des hommes,
Les esclaves sont des enfants.

CHŒUR DES ENFANTS

La République, etc.

CINQUIÈME COUPLET

UNE ÉPOUSE

Partez, vaillants époux, les combats sont vos fêtes;
Partez, modèles des guerriers;
Nous cueillerons des fleurs pour en ceindre vos têtes;
Nos mains tresseront vos lauriers.
Et, si le temple de mémoire
S'ouvrait à vos mânes vainqueurs,
Nos voix chanteront votre gloire,
Et nos flancs portent vos vengeurs.

CHŒUR DES ÉPOUSES

La République, etc.

SIXIÈME COUPLET

UNE JEUNE FILLE

Et nous, sœurs des héros, nous qui de l'hyménée
Ignorons les aimables nœuds,
Si, pour s'unir un jour à notre destinée,
Les citoyens forment des vœux,
Qu'ils reviennent dans nos murailles,
Beaux de gloire et de liberté,
Et que leur sang, dans les batailles,
Ait coulé pour l'égalité.

CHŒUR DES JEUNES FILLES

La République, etc.

SEPTIÈME COUPLET

TROIS GUERRIERS

Sur le fer, devant Dieu, nous jurons à nos pères,
A nos épouses, à nos sœurs,
A nos représentants, à nos fils, à nos mères,
D'anéantir les oppresseurs.
En tout lieu, dans la nuit profonde
Plongeant la féodalité,
Les Français donneront au monde
Et la paix et la liberté.

CHŒUR GÉNÉRAL

La République nous appelle,
Sachons vaincre ou sachons périr :
Un Français doit vivre pour elle ; } *(bis)*
Pour elle un Français doit mourir. }

M.-J. CHÉNIER.

CHANT DES GIRONDINS

PREMIER COUPLET

Par la voix du canon d'alarmes
La France appelle ses enfants.
« Allons, dit le soldat, aux armes !
C'est ma mère, je la défends ! »

REFRAIN

Mourir pour la patrie, *(bis)*
C'est le sort le plus beau, } *(bis)*
Le plus digne d'envie. }

DEUXIÈME COUPLET

Au seul bruit de sa délivrance,
Les nations brisent leurs fers,
Et le sang des fils de la France
Sert de rançon à l'univers.

Mourir, etc.

TROISIÈME COUPLET

C'est à vous, mère, épouse, amante,
De donner, comme il plaît à Dieu,
La couronne au vainqueur qui chante,
Au martyr le baiser d'adieu.

Mourir, etc.

A. MAQUET.

TABLE DES MATIÈRES

Chapitre Premier. — La Famille

Chapitre II. — **La Patrie**

Programme : *La patrie. — La France, ses grandeurs, ses malheurs et ses bienfaits*

Programme : *Service militaire. — Discipline. — Fidélité au drapeau*

Programme : *Dévouement à la Patrie*

Programme : *L'impôt*

Programme : *Le vote libre, consciencieux, éclairé, désintéressé et secret*

Programme : *La liberté individuelle, la liberté de conscience, de travail, d'association*

Programme : *La souveraineté nationale*

PROGRAMME : *Charité. — Fraternité*

PROGRAMME : *La solidarité*

PROGRAMME : *Bienveillance et reconnaissance*

PROGRAMME : *Le dévouement, forme suprême de la charité*

PROGRAMME : *Différence entre le devoir et l'intérêt, caractère impératif et désintéressé du devoir*

PROGRAMME : *Différence entre la loi morale et la loi écrite*

PROGRAMME : *Devoirs envers soi-même. — Le corps. — Propreté et soins hygiéniques*

PROGRAMME : *Les biens extérieurs*

PROGRAMME : *Sobriété. — Tempérance. — Dangers de l'ivresse et du tabac*

PROGRAMME : *Esprit d'initiative*

Besançon, Impr. Millot frères et Cie

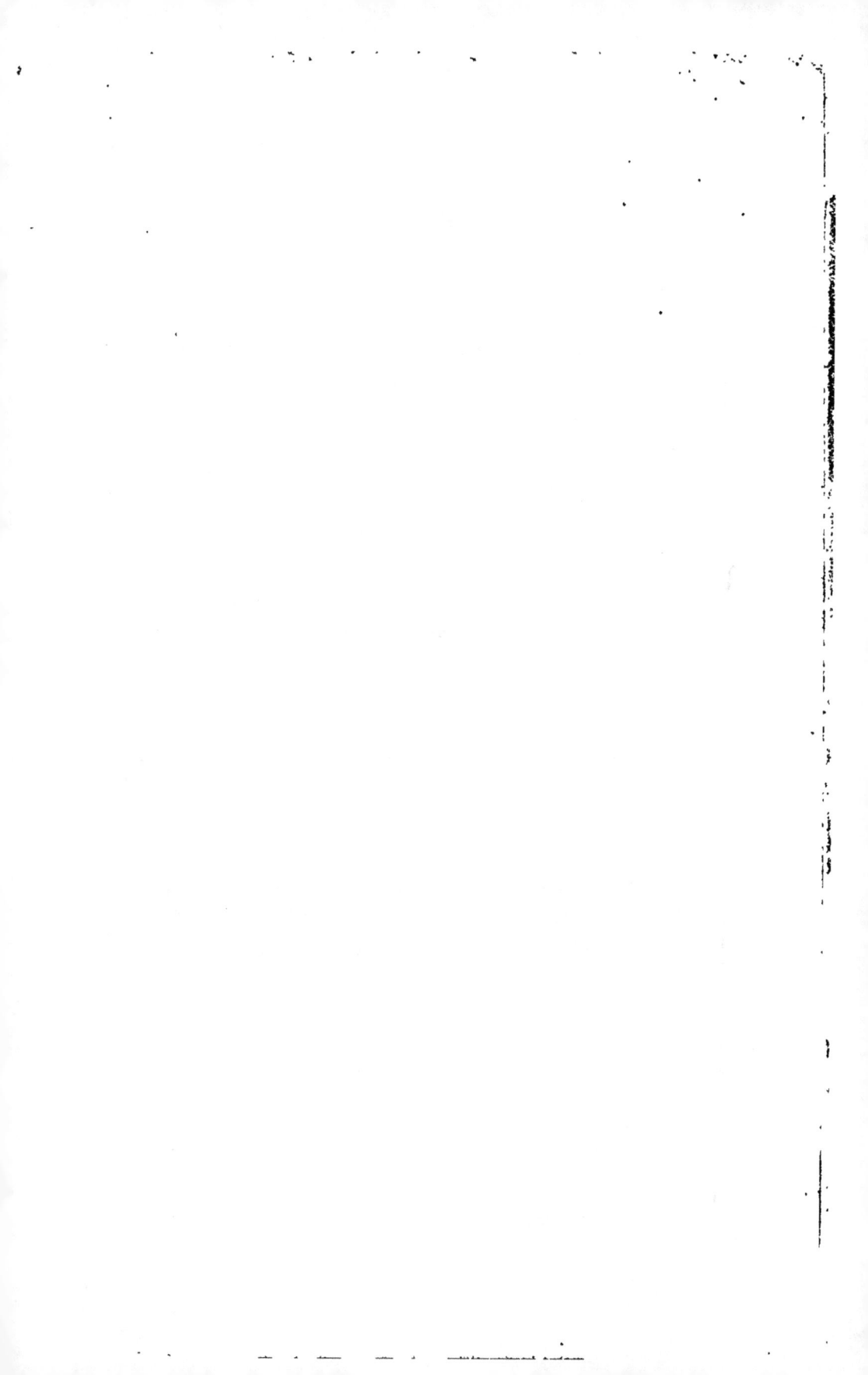

OUVRAGES DE M. BOUHÉLIER

Le Selectæ des examens, recueil de 400 dictées, rédactions et problèmes raisonnés, par M. G. Bouhélier, directeur d'école communale à Baume-les-Dames; un volume in-12 de 568 pages; prix . . . . . . 4 »

En spécimen (franco par la poste) 2 65

Enseignement des travaux manuels ou *50 exercices pratiques de cartonnage à l'école primaire* : 7 cahiers. à 0,10 chacun.

En vente chez M. L. Geisler, aux Chatelles, par Raon-l'Etape (Vosges),

Et chez MM. Guérin et Cie, rue des Boulangers, 22, à Paris.

Le Pourquoi en agriculture, tableaux muraux pour les écoles primaires élémentaires, par M. G. Bouhélier, directeur d'école communale, chevalier du Mérite agricole.

(SOUS PRESSE)

Couvertures de cahiers sur le dessin, le modelage, le découpage et l'agriculture, par M. G. Bouhélier.

www.ingramcontent.com/pod-product-compliance
Lightning Source LLC
Chambersburg PA
CBHW071944090426
42740CB00011B/1816
* 9 7 8 2 0 1 9 5 8 1 7 2 5 *